Fausto Carotenuto

I0191743

LA PREGHIERA

Mi serve pregare?
La discesa nella stanza segreta.
Il significato nascosto delle grandi
preghiere cristiane: il Segno della
Croce, il Padre Nostro, l'Ave
Maria,
il Gloria, l'Angelo di Dio,
l'Eterno Riposo.

Collana "Il sole e la colomba"

IL TERNARIO

2014 Edizioni "IL TERNARIO"
Prima edizione 2005
IL TERNARIO srl. Tutti i diritti riservati.
cda Toraccia 3, 05013 Castel Giorgio
Email : ilternario@hotmail.com
Stampa:
ISBN: 978-88-86860-40-6

a Angelo e
Raffaele

"Chiedete e vi sarà dato; cercate e troverete;
bussate e vi sarà aperto.
Infatti chi chiede riceve, chi cerca trova;
a chi bussa sarà aperto."
(Mt 7,7-8)

indice

II

LE PREGHIERE TRADIZIONALI CRISTIANE

ha ancora senso pregare?

E' difficile pregare ai giorni nostri...

Era di certo più facile quando si pensava alla preghiera come ad una attività naturale, giornaliera: un modo indiscutibile, accettato da tutti, per rivolgersi a Dio e affidarsi nelle sue mani, sia nei ritmi normali della quotidianità che nelle difficoltà della vita. Ora invece la nostra cultura materialista esita molto a parlare con un Dio che non vede, che non gli risponde con parole che si possano sentire... La preghiera appare sempre di più come una forma di superstizione popolare, o come il rifugio di chi invecchia o è malato ed ha paura della morte ... Roba da ingenui, da bambini: un modo di consolarsi, di addormentarsi rispetto alle durezze della vita... di rifugiarsi in un mondo che non esiste.

Ma è proprio così?

La mente, presa dal modo di ragionare prevalente della nostra epoca, ci spinge a non perdere tempo in preghiere, e a concentrarci invece su quello che nella vita possiamo fare con i nostri mezzi "umani". Quando però questi mezzi non sono sufficienti ad "andare avanti", a capire il senso di quello che ci capita, la nostra ragione non ci aiuta più: spesso ci lascia preda di dolori incomprensibili, della depressione, privi di speranze, schiavi di una cupa disperazione...

Il cuore invece - se troviamo il coraggio di dargli retta - ci spinge in un'altra direzione: il cuore sa bene che rivolgersi al "cielo" nei momenti difficili non è una perdita di tempo, non è un vacuo fantasticare. Per questo tante persone pregano comunque, anche se per farlo devono mettere a tacere la mente. Nel dare ascolto a questo impulso, si fa ricorso ad una saggezza interiore, ottimista e positiva, che è ben maggiore di quella della mente...

Del resto, è davanti agli occhi di tutti che il nostro mondo dominato dalla ragionevolezza, dalle leggi di mercato, dal denaro, dalla scienza e dal pensiero razionalista sta rovinando gran parte dell'Umanità e la stessa Terra. E inoltre, se ci riflettiamo, tutti siamo in grado di capire che anche nella vita di ognuno di noi, se seguiamo solo la ricerca razionale di beni materiali, andiamo incontro al dolore e al fallimento.

Non sarà che per prendere la direzione giusta alla nostra cultura manca proprio il cuore?

Noi siamo fiduciosi, per la nostra esperienza, che la via indicata dal cuore sia quella giusta. Cercheremo di seguire questa strada per provare a capire anche con la mente se la preghiera ha una senso e se veramente serve a qualcosa.

E poi dovremo verificare, ognuno per suo conto, se il risultato del nostro cammino alla ricerca della preghiera ha un valore vero, pratico, riscontrabile, nel modificare il corso della nostra esistenza.

Infatti ogni percorso spirituale ha senso solo se cambia in meglio la nostra vita e quella di chi ci circonda. Altrimenti è solo una illusione, un gioco di specchi che alimenta il nostro ego, ma che è destinato a fallire.[1]

---

[1] La Scienza dello Spirito di Rudolf Steiner farà da sfondo alla maggior parte delle considerazioni, insieme al contributo di altri veggenti, iniziati, mistici e pensatori, di varie estrazioni culturali o religiose.

figli di Dio in crescita

Per indagare sul valore della preghiera, bisogna partire, almeno come ipotesi, dall'idea che un mondo spirituale esista. Infatti, per verificare se un fenomeno esiste ed eventualmente capire come funziona, bisogna partire dall'ipotesi della sua realtà... fare delle prove, e poi vedere il risultato.

Se vogliamo vedere se esiste l'eco, dobbiamo metterci nella posizione giusta nella quale qualcuno affidabile ci ha detto che si produce il fenomeno, e poi fare la prova: dire una parola ad alta voce, in una certa direzione, e vedere cosa succede. Se rifiutiamo l'idea in partenza come superstizione, e non proviamo, non sapremo mai se l'eco esiste veramente.

Per la preghiera vale lo stesso ragionamento: se rifiutiamo l'idea in partenza, e se non proviamo nelle condizioni giuste, non sapremo mai se è una realtà o no.

Partiamo quindi dall'ipotesi più generale che dietro alle apparenze materiali ci sia un mondo spirituale. Che esista una saggezza universale, una forza intelligente, che possiamo chiamare come vogliamo, anche Dio...

E che questo essere superiore, con un atto d'amore, abbia in un lontano passato staccato delle particelle di coscienza da se stesso per dare vita ad una infinità di esseri. Miriadi di *gocce di divinità* inserite in un complesso ed intelligentissimo meccanismo cosmico, fatto di varie reti di energie differenti, che servono a far crescere chi ne fa parte. In un lungo percorso evolutivo che porta i frammenti di coscienza ad individualizzarsi e poi a svilupparsi fino ad acquisire qualità e capacità divine: un percorso da "creature" a "creatori". Un meraviglioso meccanismo di crescita, nel quale gli esseri che sono più avanti aiutano chi è più indietro, e nel farlo acquisiscono sempre maggiori capacità di coscienza.

Secondo questa ipotesi noi uomini siamo esseri spirituali in pieno sviluppo, che attraverso varie fasi aspirano a diventare dèi. Nella strada difficile e tortuosa che stiamo percorrendo, siamo assistiti in vari modi dall'intelligenza universale e dagli esseri che nella scala evolutiva sono più avanti di noi: le grandi guide spirituali dell'Umanità e quegli esseri che nelle varie tradizioni vengono denominati dèi, angeli, deva, neder, grandi spiriti, ecc…

Siamo come dei figli che stanno crescendo, in una fase adolescenziale nella quale ancora non afferriamo bene il senso della vita e del progetto nel quale siamo immersi. Siamo ancora lontani dalla maturità, ma abbiamo da poco cominciato a "scalciare" e ad alzare la voce, più che altro per sentirci indipendenti. Diciamo che siamo "figli" del mondo spirituale: *"figli di Dio"* alle prime fasi di una combattuta maturazione.

La Terra sulla quale torniamo varie volte, durante il nostro percorso, è un luogo nel quale non ci ricordiamo del progetto, e ci sentiamo separati dagli altri esseri spirituali superiori. Questa separazione ci serve a fare liberamente delle esperienze nel mondo della materia, che consentono alla nostra coscienza di crescere. Ma abbiamo comunque dentro di noi una forte *nostalgia* della nostra vera casa: di quel mondo spirituale nel quale non ci sentivamo mai soli, ed eravamo sempre avvolti dalle cure amorevoli delle nostre Madri e dei nostri Padri spirituali. Nel nostro cuore manteniamo una traccia della nostra meravigliosa esistenza spirituale, e questo ci mantiene spesso in piedi nelle avversità della vita.

Pregare significa stabilire un ponte con il mondo spirituale… Metterci in collegamento con gli spiriti superiori e con i cari che ci hanno lasciato, o che abbiamo lasciato, e che vivono nella nostra vera patria.

la preghiera del cuore

Una prima, importante spinta a pregare viene dal *sentimento di nostalgia*: Nelle asprezze della vita sentiamo di tanto in tanto il bisogno inconscio e struggente di ritornare a casa, di immergerci nel calore e nella luce del mondo da dove veniamo. E allora cerchiamo un dialogo, una preghiera nella quale non dobbiamo fare altro che rivolgerci alla dimensione spirituale e abbandonarci per trovare conforto, consolazione, positività. E' la preghiera più semplice, più istintiva, ma in qualche modo la più immediata: un risalire i canali di amore che ci uniscono al mondo spirituale. Un voler riassaporare il calore che dentro di noi conosciamo bene e che nel "freddo" della realtà esterna non troviamo… Come un bambino che corre, gioca nel mondo che è bello e lo riempie di meraviglia, ma che ogni tanto cerca le braccia della mamma, il suo amore, il suo affetto, le sue sicurezze...

E allora, nella quiete della nostra stanza, in una chiesa o in una sinagoga, in una moschea o in un tempio orientale, o in un posto particolare della natura... ci abbandoniamo ad una preghiera fatta di silenzio, di contemplazione. Oppure della ripetizione di una formula, di una preghiera familiare... In questa situazione non è tanto importante il significato delle parole, ma il loro suono - anche solo quello interiore – che ci culla in questa apertura del cuore. Non sono importanti i pensieri dei quali riempiamo il silenzio: quello che vogliamo è ritrovare il conforto materno... sentire quel collegamento, quell'unione profonda con il resto dell'universo che i sensi ci impediscono... Superare il freddo e la solitudine della mente.

Le preghiere, le formule o il silenzio esprimono allora la voglia di "fare il vuoto" rispetto alle immagini e ai rumori del mondo, e riempire la nostra interiorità di luce e di amore che vengono da una dimensione superiore.

Siamo *figli di Dio*, e questa preghiera esprime la voglia di colmare la distanza tra noi e il nostro Padre e Madre spirituale. Una lontananza che ci fa male... Ma è proprio questo dolore il sale della vita: quello che ci spinge a trovare i modi per superare la distanza...

Siamo *figli del mondo spirituale*, e allora abbiamo tutto il diritto di rifugiarci tra le sue braccia per trovare conforto, e certamente i nostri genitori spirituali sentono per noi lo stesso sentimento che prova una madre nell'accogliere e consolare il proprio bambino. Maggiore è l'apertura del nostro cuore, maggiore è la possibilità di trasmetterci luce e amore: è la nostra semplice e pura disponibilità che rompe le barriere della materia, che dissolve momentaneamente i velo che separa i due mondi e consente la creazione di un ponte tra le due dimensioni.

come vengono accolte le nostre preghiere

Un'altra fondamentale spinta a pregare è la *richiesta di aiuto*. Spesso ci viene l'impulso di pregare per chiedere qualcosa, qualcosa che da soli pensiamo di non poter realizzare.

Quando un figlio, nelle varie fasi di crescita della sua coscienza, pensa di avere bisogno di aiuto, perché sente di non essere sufficientemente maturo o abbastanza forte per affrontare una qualche prova della vita, ha tutto il diritto di rivolgersi ai suoi genitori. E questi sono ben contenti di aiutarlo, soprattutto *se è lui a chiederlo!* [2]

Ma perché sono contenti?

---

[2] Naturalmente facciamo qui il caso di genitori normalmente più maturi dei figli, e che non abbiano perso per un qualche motivo la capacità di amare i propri figli in modo consapevole.

• Prima di tutto perché il figlio *si è reso conto di avere un problema*, e questo indica che sta maturando, che si sta orientando meglio nella complessa realtà che lo circonda: il primo passo necessario nella crescita è sempre quello di identificare i propri problemi. E poi che comincia a capire che nel mondo gli uomini hanno sempre bisogno l'uno dell'altro. Che non ne sappiamo mai abbastanza, ed i veri risultati vengono dalla collaborazione… Starà poi ai genitori di aiutare il figlio a capire cosa lui può fare o non fare con le sue forze. Senza alimentare la sua pigrizia, ma incoraggiandolo ad agire e intervenendo direttamente solo là dove lui non arriva…

• E poi perché, se si rivolge a propri genitori, in qualche modo mostra di voler instaurare un rapporto con loro, che lo porterà a stare un po' di più *sulla loro "frequenza"*. Che lo avvicinerà progressivamente al loro modo di pensare e di vivere, nel quale lui comincia a riconoscere – in modo più o meno cosciente – una maturità, una esperienza ed una forza maggiori delle sue. Questa sua apertura può finalmente fare in modo che quello che i genitori gli dicevano e lui non capiva – che gli "entrava da un orecchio e gli usciva dall'altro" – abbia la possibilità di farsi strada nella sua coscienza.

• Ed inoltre *perché lo amano*, e non vedono l'ora che si apra e si confidi con loro, per instaurare un dialogo ed poterlo aiutare meglio a maturare in modo cosciente e responsabile. Per assolvere, amando il proprio figlio in modo costruttivo, uno dei compiti principali della loro esistenza.

Naturalmente un buon genitore sta molto attento al tipo di richieste di aiuto e cerca di esaudirle solo se si rende conto che rispondere positivamente faccia bene al proprio figlio… Altrimenti si astiene. Oppure trova modi differenti per rispondere in modo adeguato alle vere esigenze di crescita del proprio figlio, più che alle sue aspettative ...

La richiesta di aiuto di un figlio ristabilisce un ponte di comunicazione e di crescita sia per i figli che per i genitori. Un collegamento che quando eravamo piccoli c'era in modo naturale, ma che quando cresciamo in gran parte perdiamo per acquisire indipendenza e libertà. E che poi solo liberamente, con la nostra coscienza, col tempo possiamo riscoprire.

Queste stesse considerazioni valgono per noi, in quanto *figli in crescita*, nei rapporti con i nostri genitori del mondo spirituale.

In quanto figli di Dio *abbiamo tutto il diritto di chiedere aiuto* ai nostri veri genitori, quelli spirituali. Sono loro che ci hanno messo al mondo... non glielo abbiamo chiesto noi! Ma non solo: ne abbiamo anche obiettivamente bisogno, perché la strada davanti a noi è bellissima, ma è anche lunga, tortuosa, difficile, e noi non siamo ancora sufficientemente maturi...

Ed il mondo spirituale si comporta con noi proprio come fanno i bravi genitori: *è contento di aiutarci!* Ci stimola a trovare da noi le risposte e le soluzioni, ma dove proprio non riusciamo, ci dà volentieri una mano amorevole.

la preghiera
del cuore e della mente

Diciamo che in fondo il senso di pregare è quello di dire:

> "Sono un vostro figlio in crescita… in questa situazione ce l'ho messa tutta… Ma ora proprio non so come fare… datemi una mano! Là dove non arrivo io, aiutatemi voi!".

Questa preghiera aggiunge la mente al cuore: con il cuore sentiamo il profondo impulso a ritrovare il conforto, l'unione con la dimensione di luce e di amore dalla quale veniamo, e con la mente ci rendiamo conto di quello che la realtà ci porta incontro. Lo valutiamo, lo pensiamo e, quando ne abbiamo bisogno, quando ci rendiamo conto di quello che ci manca, con la mente pensiamo e poi formuliamo, una certa richiesta di aiuto. Questa lanciamo sulle ali del nostro cuore verso il mondo spirituale.

Questa partecipazione della mente è molto importante per il nostro processo di maturazione, ma - come vedremo più avanti - è anche la fonte di tante complicazioni, difficoltà e vere e proprie deviazioni nell'uso della preghiera.

ma se Dio è buono e sa già tutto, che senso ha pregare?

In relazione al senso ed al valore della preghiera, viene talvolta spontanea una obiezione:

> *"Ma se Dio sa già tutto, conosce anche i miei bisogni molto meglio di me… che senso ha che io gli stia a chiedere delle cose che lui sa meglio di me? E poi… se è vero che tutto il mondo spirituale è attivissimo per metterci nelle condizioni di crescita migliori, questo non vuole dire che il meglio viene già fatto senza che noi preghiamo?"*

Probabilmente per la preghiera bisogna assumere lo stesso atteggiamento che si che dovremmo avere per tutti gli altri fenomeni del creato: se l'impulso alla preghiera esiste, vorrà dire che ha un senso nel più generale progetto divino. Il senso non può essere quello di portare "informazioni" sui nostri problemi al mondo spirituale, che non ne ha bisogno… E allora, come tutto quello che ci circonda o che attraversa la nostra interiorità, avrà a che fare con noi, con la nostra crescita.[3]

Diciamo anzi che probabilmente il mondo spirituale ha stabilito che la preghiera fosse *uno degli strumenti migliori della nostra crescita,* e quindi ci ha messo dentro la spinta alla preghiera e poi…

ogni tanto ci mette in condizioni tali da spingerci a pregare

Veniamo allora messi in certe situazioni della vita nelle quali sentiamo un impulso interiore, profondo e non del tutto razionale, a chiedere aiuto. Un impulso di amore che vuole che una certa situazione, nostra, degli altri o di ciò che ci circonda, vada per il meglio. Ed è talmente

---

[3] Per un approfondimento di questo tema, vedi il libro *"La vita ha un senso profondo e positivo"*, dello stesso autore, edizioni Il Ternario, marzo 2005.

intenso da spingerci a "parlare" con entità che
noi nella dimensione materiale non vediamo e
non sentiamo. Ci fa fare qualcosa che, nel
mondo della materia nel quale viviamo, è
apparentemente del tutto irragionevole.

uno strumento di crescita

Ma per quale motivo la preghiera dovrebbe essere *"uno degli strumenti migliori della nostra crescita"*? Il tema e molto vasto e complesso, ma proviamo a mettere insieme delle risposte utili per la comprensione del nostro quotidiano:

- pregando, parlando con il mondo spirituale, portiamo il nostro cuore ed il nostro pensiero verso l'alto. Stabiliamo coscientemente un ponte che supera la materia e si prolunga verso le dimensioni superiori. Così facendo *ci solleviamo* verso la loro "frequenza"; ci mettiamo in comunicazione, in ascolto, e ci apriamo rispetto ad una serie di "vibrazioni", di "qualità" spirituali superiori luminose. Rivolgerci al cielo è come puntare le nostre antenne nella sua direzione, per poterne ricevere i messaggi e la stessa luminosità: pregare in modo aperto e genuino significa già entrare in una dimensione più elevata, nella quale esistono "qualità" superiori, divine. Queste non sono neutre, ma più siamo a contatto con loro nella nostra interiorità, più lavorano dentro di noi ed operano una trasformazione: diventiamo progressivamente più luminosi. Non di una luce fredda, ma riscaldata dall'amore divino. In noi entrano luce ed amore dalle dimensioni superiori, ed alimentano la fiammella divina di amore e di luce che è nelle profondità del nostro essere;

• più luce e amore entrano in noi, *meno posto c'è per l'ombra e per l'egoismo...*; la preghiera piena di amore disinteressato ci fa partecipi di una qualità luminosa che un po' alla volta è capace di modificare il nostro equilibrio. Che ci aiuta ad isolare, delimitare e combattere le zone d'ombra della nostra psiche.[4] La preghiera rafforza le parti nobili della nostra anima e aiuta a modificare in loro favore il nostro equilibrio interiore: ci aiuta a tenere a bada gli impulsi più bassi, egoistici, materialistici;

• pregando ci mettiamo nella giusta sintonia. *Apriamo il nostro udito spirituale* a quello che di importante per noi si dice al di là del velo della materia e attraverso la materia stessa; ci mettiamo in una condizione migliore per comprendere i messaggi che vengono dal mondo divino attraverso tutto quello che ci circonda; aumentiamo la nostra sensibilità alla comprensione vera di situazioni, incontri, pensieri, impulsi, sentimenti, sogni... che sono l'ambiente della nostra vita;

---

[4] Per un approfondimento del funzionamento e dei rapporti tra le varie componenti della nostra anima, vedi il libro *"Corpo, Anima, Spirito"*, dello stesso autore, edizioni Il Ternario, marzo 2005.

• quando pratichiamo la preghiera coscienti del suo significato di ponte, di dialogo con gli esseri superiori, possiamo verificare che nella nostra vita si instaura un vero e proprio dialogo con il mondo spirituale. Gli esseri di quella dimensione non sono più costretti ad inviarci segnali sempre e solo indiretti, che tendono a "sgrossarci" per spingerci verso di loro. Tante volte attraverso eventi dolorosi. Ma, allertando la nostra sensibilità, possiamo renderci conto che quando ci apriamo verso l'alto i messaggi che ci arrivano sono sempre più diretti e trasparenti. Che le risposte del mondo spirituale ci vengono incontro in modi sempre più chiari ed immediati. E sempre più siamo in grado di dire: "Ho capito: ecco la risposta, o l'aiuto che aspettavo!" La preghiera è allora evidentemente *un acceleratore della nostra crescita*: ci mette a disposizione la possibilità di un dialogo più serrato e cosciente con il cielo.

Potremmo allora dire che intorno a noi vengono *create appositamente* delle condizioni che ci spingono a pregare soprattutto perché **la preghiera è un forte strumento di crescita e di maturazione della nostra componente spirituale**.

Gli esseri del mondo spirituale che organizzano e seguono costantemente il percorso della nostra vita, fanno allora in modo che ci capitino delle cose che ci spingono a pregare. E noi, attraverso la preghiera, modifichiamo gradualmente il nostro equilibrio interiore: lo solleviamo, e da questa nuova posizione possiamo considerare in modo più cosciente ed elevato quello che succede intorno a noi e dentro di noi.

Per guardare meglio al senso delle cose bisogna sempre cercare una posizione più elevata. Se vogliamo capire come si articola un certo territorio, conviene salire su una montagna per guardarlo, o su un aereo. E poi da questa posizione tutti abbiamo provato l'esperienza non solo di vedere meglio come è fatto il territorio sotto di noi, ma di sentire pensieri e sentimenti nuovi e diversi che ci sorgevano dentro: sulla piccolezza della Terra e degli uomini che ci abitano, sulla stessa fragilità delle cose... e tante altre considerazioni ed intuizioni che vengono indotte dal fatto di ritrovarsi più in alto, in una posizione diversa. La preghiera ci porta interiormente in una posizione più elevata, in una prospettiva diversa, più ampia, meno affondata nella visione "dal basso" delle nostre nebbie psichiche e delle illusioni della materia.

Attraverso la preghiera, possiamo cominciare a mettere a confronto la nostra visione "normale" del mondo con una frequenza "superiore" della nostra stessa interiorità. Ci veniamo a trovare in una posizione migliore per comprendere il nostro modo ordinario e quotidiano di pensare di sentire e di agire.

In pratica, visto che noi siamo qui sulla Terra per crescere amando, possiamo meglio capire e sentire se lo stiamo facendo e se stiamo dando amore nella direzione giusta o no.

amore e preghiera

Questo è un punto molto importante per comprendere ed usare in modo cosciente lo strumento della preghiera. Essa nasce da un impulso di amore - per noi o per gli altri esseri - che **funziona bene solo se è nella stessa direzione dell'amore divino**, dell'amore della saggezza spirituale cosmica.

La creazione fluisce per amore. Tutto quello che si crea con saggezza lo deve ad un atto d'amore che va da un essere all'altro. Altrimenti tutto si blocca, imputridisce e muore.

E allora anche la preghiera, per essere efficace, deve essere fondata sull'amore che fluisce da noi verso gli altri:

*la preghiera vera, quella che funziona,
è quella disinteressata; non quella egoistica.*

Quella in cui l'amore fluisce da noi verso tutto quello che ci circonda attraverso l'apertura del nostro cuore, non quell'amore che noi egoisticamente cerchiamo di dare solo a noi stessi.

Per cosa preghiamo normalmente? Per uscire da una situazione di sofferenza, nostra o dei nostri cari, o per raggiungere un risultato, nostro o dei nostri cari, che ci fa piacere.

E' chiaro che la mente gioca un ruolo molto importante nella nostra preghiera: è lei che ci dice per cosa pregare. Qui bisogna stare molto attenti, perché spesso la nostra mente scambia il vero bene – nostro o di chi ci circonda – con quello che lei pensa sia il vero bene per il quale pregare. E allora magari ci induce a ricercare gioie o piaceri che ci vanno bene egoisticamente, ma che non facilitano la sana e libera evoluzione di tutti. Oppure ci spinge a desiderare di uscire rapidamente da situazioni di sofferenza che invece a ben guardare potrebbero essere estremamente salutari per la nostra maturazione.

Certo, è giusto e umano pregare per sé o per i nostri cari, e cercare per noi e per loro di avere il meglio e di evitare le sofferenze… Ma questa preghiera ha poi una efficacia pratica solo se il fine vero è quello di diventare tutti quanti strumenti e canali più puri di forze d'amore verso gli altri. Per fare "la volontà del

Padre" divino che, come vedremo più avanti, è la moltiplicazione "a cascata", anche attraverso di noi, dell'amore creativo nell'universo.

Se preghiamo per il benessere economico dei nostri figli, non è detto che stiamo chiedendo il loro bene. Se preghiamo per avere l'amore esclusivo di una certa persona, non è detto che lo stiamo facendo per il suo o per il nostro bene. Se preghiamo perché un nostro amico guarisca da una grave malattia, non è detto che una guarigione accelerata sia il suo bene vero.

Se invece preghiamo con il cuore aperto perché per noi, per quella certa persona che amiamo, per i nostri figli o per il nostro amico malato sia fatta la cosa migliore per favorire la loro evoluzione positiva... E se preghiamo perché questo avvenga evitando per quanto possibile sofferenze a tutti, allora sì che ci avviciniamo in modo cosciente, umano ed amorevole alla realtà delle cose.

allontana da me questo calice…

Chi è di cultura cristiana ricorderà che Gesù Cristo, prima della passione, formula molto chiaramente una preghiera:

> "*Allontana da me questo calice, ma sia fatta la tua, non la mia volontà*". [5]

E' proprio questo il senso profondo di ogni vera preghiera: richiesta umana, ma anche fiducia profonda in quello che ci viene incontro, e che comunque nei disegni divini è il meglio per noi e per gli altri. E che noi in tanti casi non abbiamo ancora la coscienza di capire. Ricerca del bene per noi come lo considera il nostro attuale livello di coscienza, ma anche abbandono fiducioso alla saggezza ed all'amore

---

[5] Luca 22,42.

del nostro vero Padre o Madre spirituale, che non ci può tradire.

Nel Medio Evo i cavalieri Templari, portatori di un impulso spirituale positivo, tuttora vivo ed importante per l'evoluzione dell'umanità, avevano talmente presente questo modo di rivolgersi a Dio, da scegliere come motto:

"Non nobis Domine, non nobis,
sed nomini tuo da gloriam"

Che potremmo tradurre: "Signore, non dare gloria, realizzazione ai nostri egoismi individuali, ma al tuo intero, luminoso disegno creativo".

le nostre preghiere producono degli effetti nel mondo, o no?

Nelle pagine precedenti abbiamo considerato come la preghiera sia un forte ed efficace strumento per la nostra crescita, per la nostra maturazione spirituale. Va bene... questo è già una cosa molto utile da sapere. Però spesso quando preghiamo non lo facciamo per questo, ma perché vogliamo nella vita la realizzazione di qualcosa di favorevole per noi o per gli altri. E' questa una illusione? Nella realtà poi cosa accade, che le nostre preghiere cambiano il corso della realtà o che sono del tutto inutili? Il nostro pregare, oltre a produrre in noi un miglioramento "di qualità" interiore, produce anche degli effetti pratici sul corso degli avvenimenti? Il mondo spirituale fa veramente delle cose perché glielo chiediamo noi, che non farebbe se non glielo chiedessimo?

Per provare a rispondere cominciamo con un esempio:

> diciamo che in un giorno di vacanza e di sole portiamo il nostro bambino in gita in un posto dove ci sono tanti prati verdi e fioriti, attraversati da un fresco ruscello e con un bel laghetto azzurro. E che abbiamo pensato di fare un picnic, di giocare con la palla, di stenderci sul prato e poi tornare a casa in tempo perché il nostro bambino faccia i suoi compiti. Da buoni genitori, nel preparare la gita abbiamo fatto un programma che lo stimolerà a contatto con la natura, lo farà stare bene, all'aria aperta ed in famiglia, e contemporaneamente non sacrificherà le sue esigenze scolastiche. Tutto va secondo i programmi, ma poi – al momento di rientrare – il nostro bambino ha scoperto un angolo incantato del laghetto, con piante, fiori e pesci che non ha mai visto, e non gli piace di muoversi da quel posto incantato nel quale sente di poter scoprire tante

belle cose. E allora ci dice: "Ti prego, fammi restare qui ancora un po'… I compiti li faccio stasera, invece di guardare la televisione…"

E noi che facciamo? Ci ostiniamo con i nostri programmi o ascoltiamo la sua preghiera? Se vogliamo bene al nostro bambino valuteremo cosa è meglio fare per lui, e magari arriveremo alla conclusione che la variazione di programma che lui ci chiede è qualcosa di positivo. Perché nasce dal suo sentimento di meraviglia, di amore inconscio per la spiritualità che traspare nella bellezza e nell'armonia della natura. E penseremo che questa nuova esperienza lo arricchirà e lo stimolerà ulteriormente, e tra l'altro lo allontanerà un po' da quella "maledetta" televisione… In base a queste riflessioni piene di amore, esaudiremo volentieri la sua preghiera, anche se l'idea nasce da lui e non da noi. E allora cambieremo volentieri i nostri programmi, e magari in aggiunta ci procureremo una barchetta per fargli godere meglio il contatto, il rapporto di amore con la natura ed i suoi esseri. E poi certamente ci organizzeremo per fargli fare ancora quella esperienza, per fargliela approfondire…

Questo fa costantemente con noi il mondo spirituale: aspetta che nella preghiera ce ne veniamo fuori con qualche bella idea "nostra", creativa, per aiutarci a metterla in pratica e facilitare ulteriormente la nostra crescita. Anche se questo modifica i piani che aveva già fatto.

Se ci rivolgiamo alle nostre guide spirituali chiedendo aiuto nella direzione giusta, per cose buone e valide, perché il mondo spirituale non dovrebbe aiutarci a realizzarle? Se abbiamo dimostrato di volerci aprire alla dimensione superiore con le nostre preghiere, significa che abbiamo accettato finalmente il dialogo. Questo facilita di molto le cose per gli esseri spirituali. Una cosa è infatti trovare il modo di comunicare con qualcuno che è sordo o muto in relazione a qualsiasi rapporto; ma ben più facile e produttivo è interagire con qualcuno che finalmente ha cominciato a parlare con il mondo spirituale e ad aprire le orecchie a quello che dice. Allora le nostre guide non avranno più bisogno di essere sempre alla guida, ma potranno lasciare che finalmente un po' alla volta siamo noi - *il nostro bambino* - a decidere cosa fare. E per dimostrarci che le nostre aspirazioni sono nella direzione giusta… esaudiranno le nostre preghiere, in un modo che per noi sia comprensibile e che ci incoraggi a proseguire su questa strada.

Le aspirazioni che trasmettiamo nelle nostre preghiere trovano certamente realizzazione se non sono egoistiche e se rientrano nella stessa direzione di crescita della generale corrente creativa dell'amore; se noi in qualche modo "imitiamo" Dio, mettendoci nei suoi panni, come fa un figlio con i propri genitori. Esercitare l'amore puro nel pensare, nel sentire e nel volere qualcosa, significa crescere nel proprio spirito, nella propria parte più profonda e nobile. Significa cominciare a comportarsi finalmente da dèi in crescita.

quando le preghiere
non vengono esaudite

Il problema è che spesso, osservando quello che succede dopo che abbiamo pregato, non ci sembra affatto di essere stati esauditi. E allora perdiamo fiducia nello strumento della preghiera. Ma questo avviene perché non abbiamo capito bene come funziona la realtà ed il nostro rapporto con gli esseri superiori.

Tornando all'esempio di prima, durante la gita ci rendiamo conto, guardando il cielo, che sta arrivando un terribile temporale. *Noi genitori sappiamo,* con la nostra esperienza e la nostra coscienza più matura, che in questi casi il laghetto è soggetto a piene improvvise e pericolose, e che quindi non è bene restare in quel posto. *Il nostro bambino però non lo sa,* e quando tentiamo di farglielo capire non ci dà ascolto: la sua esperienza e la sua coscienza non sono sufficienti a rendersi conto di quello che

sta per succedere. Noi non possiamo certo
esaudire la sua preghiera di rimanere ancora in
quel bel posto, perché non faremmo il suo
bene. E allora lo porteremo via subito, anche
se comincerà a piangere e a pensare che siamo
proprio cattivi! Che non esaudiamo mai le sue
preghiere!

Questo è spesso il nostro rapporto con i
nostri genitori del mondo spirituale: quando ci
sembra che le nostre preghiere non vengano
ascoltate, è perché l'esaudirle ci farebbe del
male, rallenterebbe o bloccherebbe la nostra
crescita.

Noi, con la nostra coscienza ordinaria - ancora
limitata - non sempre sappiamo quello che è il
nostro vero bene, e spesso scambiamo per
disgrazie le situazioni difficili nelle quali il
mondo spirituale ci mette per farci crescere,
per farci maturare. E allora, se abbiamo un
malattia, una dolorosa situazione sentimentale,
familiare o di lavoro, ci viene giustamente ed
umanamente da pregare per uscirne prima
possibile. Se poi vediamo che questo non si
verifica, o non avviene nei tempi e nei modi
che a noi apparivano migliori, pensiamo che
quelle nostre preghiere siano state fiato
sprecato. La realtà è invece che noi, prima
ancora di pregare, non ci siamo chiesti perché il

mondo spirituale ci abbia messo in quella difficile situazione... Noi vogliamo uscirne prima possibile perché ci fa male, senza avere trovato il tempo di trarne le "lezioni di crescita" necessarie. Senza aver compreso che quella situazione è una occasione da usare, un male da trasformare in bene, per noi e per gli altri.

In questo caso – che è molto frequente – perché le nostre preghiere un po' "miopi" dovrebbero essere ascoltate?

Allora può invece capitare che veniamo tenuti ancora nella situazione difficile, che magari si aggrava ulteriormente, proprio perché ci ostiniamo a non capire, a non volerci domandare seriamente " perché ? ", a non approfittare della opportunità di crescita che il mondo spirituale ci ha messo a disposizione.[6]

Nel metterci in contatto con il cielo, dobbiamo considerare che le nostre guide sono già all'opera in tutto quello che ci capita, che non avviene per caso... ma che è una trama di eventi realizzata proprio per noi, perché è il meglio possibile per stimolarci a crescere.

---

[6] Per un approfondimento del tema delle opportunità, del dolore, e più in generale del significato degli eventi che ci capitano, vedi il libro " *La vita ha un senso positivo e profondo*", dello stesso autore, edizioni Il Ternario, marzo 2005.

Questo dobbiamo averlo ben presente: non stiamo pregando per far intervenire qualcuno che normalmente si disinteressa di noi, che se ne sta in cielo a farsi i fatti suoi... Stiamo entrando in contatto con chi ci guida e costantemente e intelligentemente prepara il nostro terreno, passo dopo passo, anche se noi proprio non ce ne rendiamo conto...

Il meglio per noi quindi sta già avvenendo!

Noi, se vogliamo, pregando nella direzione giusta, possiamo introdurre degli elementi nostri, personali, propri della nostra creatività individuale, nella vita che ci circonda.

chiedere luce
per cambiare il mondo

Come si vede chiaramente, un problema fondamentale nei nostri rapporti con il mondo spirituale e con la vita, è relativo al nostro ancora limitato livello di coscienza, di comprensione della realtà e del suo funzionamento.

Ed è proprio qui che interviene uno degli aspetti più importanti della preghiera.

Quando non ci rendiamo conto del perché ci troviamo in una certa situazione che non ci piace, dobbiamo prima di tutto cercare di capire che senso ha per noi questa situazione: cosa ci porta incontro, cosa ci dice, in che direzione ci vuole stimolare, quali forze positive vuole che noi mettiamo in campo... Ma spesso capita che non riusciamo a comprendere, anche se ce l'abbiamo messa tutta. E allora abbiamo tutto il diritto di chiedere al mondo spirituale di aiutarci a capire. E *certamente verremo esauditi.*

In fondo pregare significa soprattutto **chiedere luce**...

Luce per i nostri pensieri, i nostri sentimenti le nostre decisioni e le nostre azioni... Luce per farci capire, luce che illumini le situazioni attraverso di noi scacciando le ombre e volgendole al bene.

E allora, visto che abbiamo chiesto la cosa giusta nel modo giusto, il mondo spirituale ci risponde: ci manda la luce sotto forma di incontri con persone particolari, frasi scritte su un libro o su un giornale che ci capita davanti; o dette per televisione da qualcuno in una certa trasmissione dopo che magari abbiamo "istintivamente" deciso di cambiare canale... Oppure ci capita una certa situazione della vita che si rivela "illuminante"... O un sogno... O un pensiero nuovo che ci sorge dentro... non si sa da dove, ma che ci fa trovare la soluzione di quello che volevamo. Uno o anche tutti questi segnali luminosi insieme.

Certo non è facile cogliere queste risposte e dargli il valore che hanno. Le nostre mentalità cresciute in una cultura abbondantemente materialista faticano a pensare che determinati eventi, che possono sembrare del tutto casuali, siano invece precisi messaggi del mondo spirituale diretti proprio a noi.

Ma tutta la vita viene accuratamente predisposta per noi come una serie di situazioni che ci vengono incontro in modo diciamo "mascherato", per essere interpretate da noi. Perché scopriamo da soli i modi per togliere le maschere una ad una e per agire con amore sulla realtà vera, e non sull'apparenza: è proprio così che avviene la nostra evoluzione... è così che sviluppiamo i muscoli della nostra coscienza. E' così che cresce il nostro bambino interiore.

E allora, quando preghiamo, dobbiamo anche prepararci a cogliere le risposte in tutto quello che ci circonda. Con la fiducia che queste si presenteranno... la stessa fiducia totale che un bambino ripone nell'amore della propria mamma.

Senza questa fiducia, questa apertura, senza mantenere aperto il ponte che abbiamo creato pregando, non potremo cogliere le risposte.

Il dialogo con il mondo spirituale è fatto di un gioco continuo, nel quale gli esseri divini ci stimolano, attraverso le situazioni della vita, a rivolgersi a loro... E poi quando lo facciamo ci fanno capire dalle risposte se il nostro dialogare è nella direzione giusta… E se è nella direzione giusta ci danno la soddisfazione di cogliere intorno a noi e dentro di noi gli effetti benefici delle nostre preghiere. Davanti ai nostri occhi, mischiato alla vita ordinaria, si squaderna una puzzle dinamico di tessere che noi dobbiamo mettere insieme nel modo giusto per decifrare le risposte.

Noi preghiamo di essere aiutati a capire e ad agire bene, e il mondo spirituale ci fa pervenire, sparsi nei fatti della vita, tanti elementi potenzialmente luminosi, tante candele… Ma sta poi a noi accenderle con la nostra attenzione, ed usarle per illuminare un po' alla volta la realtà che ci circonda…

Gli esseri divini che si prendono cura di noi sono sempre disponibili ad esaudire i nostri desideri, a meno che non ritengano che una risposta alle nostre preghiere darà risultati chiaramente negativi o ben inferiori a quelli previsti dalla loro saggia programmazione.

Una nostra preghiera può infatti essere sbagliata, vale a dire non in armonia con il progetto cosmico di espansione amorosa, se nasce da una motivazione egoistica. Ed in genere questo è quello che accade più spesso: chiediamo di avere per noi certe cose, o certi risultati, o di evitare certi dolori… senza badare al senso di queste cose e senza preoccuparci troppo degli altri.

Oppure, anche se siamo spinti da un genuino impulso del cuore, questo non basta, perché se la nostra coscienza è ancora piccola, se ne sappiamo ancora troppo poco della realtà, sarà facile che non chiediamo la cosa realmente migliore. Ma solo quella che a noi *sembra* migliore dal nostro limitato punto di vista.

Proprio per questo la richiesta di "luce" è fondamentale nella preghiera: abbiamo bisogno di un dialogo aperto e costante con la dimensione superiore, dalla quale abbiamo un reale bisogno di ricevere luce, sotto forma di informazioni, immagini, ispirazioni e intuizioni, per capire meglio la realtà intorno a noi e come agirvi dentro.

Quando infine arriviamo a pregare con un sufficiente livello di coscienza e di "illuminazione", allora siamo in grado di indicare al mondo spirituale delle strade nostre, amorose, frutto del nostro cuore, della nostra riflessione profonda ed infine della nostra intuizione creativa. E allora i risultati della nostra preghiera possono essere stupefacenti: **possiamo anche mutare il destino nostro e quello degli altri!**

La nostra libera aggiunta creativa di amore al quadro predisposto dalle guide spirituali consente una strada differente da quella inizialmente prevista. Abbiamo introdotto una nuova connessione nel quadro, un nuovo fattore che può indurre il mondo spirituale **a fare come diciamo noi...**

uno strumento intelligente, potente e delicato

Certo, secondo un modo di pensare puramente materialistico, quello più comune ai nostri giorni, una persona che perde tempo a pregare non è da prendere sul serio: è un po' stupida, ingenua, illusa che ci sia qualcuno ad ascoltarla… quando invece non c'è proprio nessuno. Pregare è veramente una cosa poco intelligente, per nulla razionale! Al massimo serve per consolarsi con l'illusione di avere qualcuno che pensa a noi…

Ma esiste per fortuna anche una altro punto di vista: quello di chi si sente immerso in un progetto divino, in un cosmo in evoluzione nel quale tutto è pieno di significato, e nel quale la materia è la bella manifestazione apparente di una profonda e ancora più bella realtà spirituale, e dove le leggi che regolano la vita non sono quelle del denaro, ma quelle dell'amore… Secondo questa visione, la preghiera è sempre comunque **uno strumento intelligentissimo** da usare. Ci porta sempre un passo più avanti del nostro livello di coscienza; ci collega e in qualche modo ci fa partecipi di dimensioni di luce che vanno ben oltre i confini della nostra attuale capacità di comprensione. E' capace di sollecitare ed attivare forze operative di gran lunga superiori alle nostre in determinate direzioni di nostra libera scelta. Oltre ad avere uno strumento formidabile di crescita interiore, è come avere a disposizione *una potentissima leva*: noi tutto sommato possiamo ottenere grandissimi risultati applicando le nostre forze ancora deboli.

Ma è anche *una leva molto delicata*: se sbagliamo il punto d'appoggio, le cose non andranno nella direzione che volevamo noi. Se il punto d'appoggio non è un amore disinteressato illuminato da un lavoro di coscienza, non otterremo risultati. Anzi, può anche capitare che sollecitiamo il mondo spirituale a farci capire chiaramente che quel modo di pregare egoistico o superficiale proprio non va… Ed allora magari, invece di avere quello che desideravamo, ci troveremo di fronte a risultati spiacevoli, magari dolorosi,

che ci impongono una riflessione più
approfondita.

quale è il modo migliore di pregare?

Un altro aspetto molto delicato della preghiera è che, se vogliamo ottenere il massimo dei risultati positivi, bisogna stare anche attenti a **"come preghiamo"**.

Certo, è sicuramente molto importante l'impulso del cuore che ci spinge a ritrovare il mondo spirituale, o a chiedere luce per la nostra vita. E si può anche farlo in tram, facendo una passeggiata, o davanti al computer. Ma bisogna rendersi conto del fatto che noi pregando stiamo cercando di stabilire un ponte, un collegamento, in qualche modo simile ai collegamenti radio. E allora occorre che trai due punti che vogliamo mettere in comunicazione si stabilisca la stessa frequenza. Altrimenti non si può comunicare.

Anche per la preghiera vale questo principio. Dobbiamo metterci il più possibile nella frequenza di chi deve ricevere i nostri messaggi, altrimenti rischiamo di costruire ponti che non trovano mai un punto d'appoggio dall'altra parte della campata, e che non ci portano nella direzione giusta. Su questi ponti sistemati male, su queste frequenze sbagliate, le nostre aspirazioni e le risposte del mondo spirituale semplicemente non si incontrano.

Per metterci nella condizione migliore per pregare, bisogna allora trovare il modo di porsi nella "frequenza giusta". Bisogna trovare la giusta condizione, ed in questo possiamo trovare un aiuto determinante nell'**aggiungere alla preghiera elementi di meditazione.**

Ci sono vari modi di mettersi in contatto con il mondo spirituale...potremmo dire varie "tecniche", come le preghiere tradizionali, la recitazione di determinate formule ripetute dentro di sé o ad alta voce, le varie forme di meditazione. Ma anche il parlare liberamente, col cuore e con la mente, con gli esseri delle dimensioni superiori... Il mondo occidentale è tradizionalmente legato alla preghiera, soprattutto all'uso di preghiere specifiche, derivanti dalle proprie tradizioni religiose, o introdotte di volta in volta dalle gerarchie ecclesiastiche. Mentre in oriente c'è una maggiore propensione a utilizzare anche lo strumento della meditazione.

In entrambi i casi, sia della preghiera che della meditazione, c'è modo e modo di praticarle, e se non si fa nel modo giusto e con le giuste intenzioni, non servono a nulla. Alcune correnti "religiose" hanno portato anche a pratiche estreme, deviate, deteriorate...

Nella meditazione si tende in vari modi a fare esperienza, a "sentire" in modo pacato ed il più possibile libero da interferenze, il proprio rapporto con il divino. Come dice Steiner, la meditazione è un modo per immergersi "per breve tempo nelle correnti divino-spirituali del mondo". Chi medita facendo vivere "nel proprio cuore" particolari contenuti e determinate formule, derivanti dai grandi spiriti guida dell'umanità, fa l'esperienza di "un'unione con la più alta spiritualità e una forza superiore lo attraversa." Così ci si eleva e ci si rinvigorisce. Con queste forme di meditazione si consegue "dal più semplice rafforzamento morale" al risveglio delle più grandi forze nascoste di "chiaroveggenza".[7]

---

[7] Rudolf Steiner, "*Il Padre Nostro – una considerazione esoterica*", pag.5-6, Ed Antroposofica, Milano 1994

Sempre secondo Steiner, la preghiera non egoistica, dettata dall'amore, è "un mezzo per elevarsi a superiori regioni spirituali e sentire in sé la divinità... Un elevarsi, un immergersi nel mondo divino... Allora la preghiera cristiana è esattamente quello che è la meditazione, solo con una colorazione di maggiore sentimento. In origine questa preghiera cristiana non era altro che una meditazione".[8]

Meditare e pregare vanno quindi nella stessa direzione: al fondo di questi due modi, lo stesso impulso di ricongiungersi con le nostre vere origini. Di immergersi, almeno per brevi periodi, nel mondo spirituale del quale facciamo parte. Di tornare a interagire in quell'ambiente che per noi era ben più accogliente del mondo materiale. Di prendere forze fresche di luce e di amore per meglio affrontare le sfide della vita sulla Terra.

Negli ultimi tempi, in occidente si avverte sempre di più l'esigenza di meditare. Ma non si tratta di una deviazione negativa dalla tradizione, bensì di uno sviluppo positivo, che va nella direzione del più autentico insegnamento cristiano. Dimenticato per troppo tempo.

---

[8] Ibid. pag.7

la discesa nella stanza segreta

L'inserimento di elementi meditativi nelle preghiere in ambito occidentale non è altro che un ritorno al modo di pregare così come lo ha trasmesso direttamente il Cristo.

Il Cristo ha insegnato una sola preghiera: il Padre Nostro, una preghiera importante, ricca di forze e di significati profondi. Per il fatto che è stata comunicata direttamente dal fondatore del cristianesimo, questa preghiera occupa un posto privilegiato nelle liturgie cristiane. Ma le varie chiese non hanno mai messo nella giusta luce per i loro fedeli il fatto che, prima di insegnare il Padre Nostro, il Cristo ha comunicato una cosa fondamentale: delle specifiche ed importantissime indicazioni su "come" pregare. Delle quali non si parla quasi mai...

Le riportiamo per intero, nella loro traduzione letterale, tratta dal vangelo di Matteo[9]. Gesù Cristo sta parlando ad una grande folla, e nel "discorso della montagna" ha appena dato una serie di insegnamenti memorabili, fondamentali. Ad un certo punto si sofferma sulla preghiera:

> *"E quando pregate, non siate come gli ipocriti, che amano pregare stando in piedi, nelle sinagoghe o negli angoli delle piazze, per mostrarsi agli uomini. State certi che per questo vengono compensati come meritano. Tu invece, quando preghi, entra in quella camera interiore da cui trai alimento e, dopo che hai chiuso la porta del tuo io, prega il Padre tuo, quello che sta nel segreto; e allora il tuo Padre, quello che vede nel segreto, ti ricompenserà."*

E subito, dopo qualche altra importante indicazione[10], passa ad insegnare il Padre Nostro.

---

[9] Matteo 6, 5-6

[10] *"Pregando poi, non blaterate come i gentili: credono infatti di essere ascoltati per il gran numero*

E' interessante notare come in questo passo il Cristo passi dal "voi", rivolto alla folla presente, al "tu": Infatti quando *come* pregare riguarda solo noi come individui. E allora serve il "tu", rivolto direttamente alla interiorità di ognuno di noi, al di là del tempo e dello spazio... A quello che ognuno può fare *esclusivamente* da solo con sé stesso, senza alcun tipo di mediazione.

Il Cristo dice chiaramente che qualsiasi preghiera, anche quel Padre Nostro che si accinge ad insegnare, va pronunciata solo dopo che si è *entrati in uno stato particolare*, che ci si è messi in un particolare *frequenza*: in silenzio, fuori dal mare e dal fragore delle sensazioni e dei pensieri ordinari che avvolgono il nostro io. E' solo facendo il vuoto dentro di noi che nella nostra anima diamo spazio al nostro vero io ed alla possibilità che vi possano entrare elementi spirituali superiori. Per farlo bisogna scendere nella nostra interiorità, in quella parte di noi che è la nostra dispensa spirituale, dalla quale prendiamo i veri alimenti di amore e di luce che ci consentono di svolgere adeguatamente il nostro compito sulla Terra.

---

di parole. Non siate come loro: il vostro Padre conosce infatti le nostre necessità ancor prima che voi gliene facciate richiesta."(Mt 6, 7-8).

Dobbiamo consentire alla nostra coscienza di rifugiarsi in questa camera interiore, in quel posto *"che è solamente nostro, dove non dobbiamo fare nulla per esistere"*[11], dove siamo solamente il nostro vero Io, non i ruoli, le maschere che abbiamo indossato nella vita. Il Cristo ci chiede di entrare in questo posto riservato, e di "chiudere la porta" al mondo esterno, di isolarci il più possibile dal mondo materiale e delle sensazioni, in modo che il nostro Io rimanga solo, libero di aprirsi al rapporto con la dimensione superiore, quella che gli appartiene. Qui possiamo pregare, perché si crea il collegamento tra due poli che appartengono entrambi al mondo spirituale, che sono sulla stessa frequenza, che parlano la stessa lingua. Il Cristo ci chiede di pregare "en kruptòs", nel segreto. Qui il nostro *io ordinario*, la maschera che vestiamo nella vita, tace, si fa da parte, ed il padrone di casa è il nostro vero Io: l'*Io spirituale*, quell'*Io superiore*, divino, di cui parlano tutte le tradizioni spirituali più illuminate. Quella scintilla divina che noi andiamo ad attivare scendendo nella nostra camera segreta. Ed allora, tramite lui, il Padre celeste, il mondo spirituale, l'unico in grado di guardare nella

---

[11] Come dice, tra l'altro, Maria Grill accompagnando le bellissime ed intense sessioni di meditazione dei suoi seminari.

nostra stanza segreta, ci ricompenserà. Con le risposte di luce e di amore di cui abbiamo bisogno.

Una volta attivato l'Io spirituale - che è fatto della stessa sostanza di Dio, del grande Padre che è nei cieli, e che quindi è già sulla stessa frequenza - una pura e profonda comunicazione si mette in moto tra noi ed il mondo spirituale.

Per ricercare il ponte tra noi ed il cielo, per rendere efficace al massimo la nostra preghiera, dobbiamo scendere con amore ed animo puro nella nostra stanza segreta, fare silenzio e spazio, e consentire al nostro Io spirituale di esprimersi liberamente, privo di condizionamenti, nel suo contatto con gli esseri della dimensione spirituale.

Che cosa è questa se non una meditazione profonda ed intensa, che crea le condizioni per una vera preghiera?

In pratica il Cristo dice che per pregare bisogna entrare in un vero e proprio stato meditativo piuttosto avanzato. Lì il contatto con il divino è diretto, senza mediazioni…[12]

---

[12] E' chiaro che se una organizzazione religiosa vuole mantenere un ruolo privilegiato di intermediario tra Cielo e Terra, non favorira la piena comprensione e la pratica diffusione di questo insegnamento del Cristo, che tende a stabilire e a rafforzare un ponte diretto di

la preghiera cosciente

Per riassumere, la preghiera è uno strumento semplice, diretto, intelligente, delicato ed efficace. E lavora positivamente sia su di noi che su quello che ci circonda.

Abbiamo visto che la preghiera funziona comunque, purché mossa da un genuino e disinteressato impulso del cuore, e come la si può rendere più efficace approfondendo l'elemento meditativo.

Se mettiamo insieme tutti questi elementi, con cura e attenzione... Se preghiamo "bene", vuol dire che stiamo impegnando nella direzione giusta le nostre forze migliori: il nostro cuore, il nostro pensiero e la nostra disponibilità ad agire. Sì anche la nostra volontà di agire nella

comunicazione tra ogni singolo uomo e la sfera divina. Forse per questo un tale insegnamento è così poco conosciuto.

realtà in base alle risposte che riceveremo dal mondo spirituale. La preghiera non può essere fine a se stessa: ma chiedere aiuto significa aspirare a trovarsi in una situazione migliore per agire meglio nel mondo. Per svolgere il nostro compito di crescere compiendo azioni piene d'amore nei confronti degli altri. Non per starcene egoisticamente meglio, chiusi nella nostra casa fisica o interiore.

Quando siamo coscienti di tutti questi elementi e li sentiamo profondamente nella mente e nel cuore, la nostra preghiera diventa *"preghiera cosciente"*.

La ricerca nostalgica del mondo spirituale è una **"preghiera del cuore"**, un abbandono nella braccia della mamma celeste. La richiesta di crescita e di aiuto per sé e per gli altri è una **"preghiera del cuore e della mente"**, e la sua efficacia è condizionata dalla mente, che può essere indirizzata verso lo spirito, o verso la materia, verso l'amore o verso l'egoismo. La ricerca genuina di un contatto diretto e profondo con il mondo divino, che ci porti luce, amore e l'ispirazione ad agire per cambiare in meglio noi ed il mondo intorno a noi è una **"preghiera cosciente"**.

Questa è la preghiera giusta per la nostra epoca, che presenta sfide molto forti alla nostra interiorità e richiede in modo pressante che mettiamo in campo, nella vita di tutti i giorni, le nostre forze e qualità migliori.

Pregando in questo modo mettiamo il mondo spirituale nella migliore condizione per venire incontro con gioia alle nostre aspirazioni:

> *"Nostro figlio sta crescendo e maturando bene, facilitiamo le strade che ha scelto!"*

Ecco come la preghiera diventa *un acceleratore* delle nostre opportunità di crescita: pregare in modo cosciente significa entrare in una nuova dimensione dei rapporti con le nostre guide spirituali. Significa passare da un dialogo lento e velato ad uno sempre più rapido, aperto e diretto.

Alcuni saggi illuminati, sia in oriente che in occidente, dicono che il nostro modo di pregare deve arrivare fino al punto che noi stessi **diventiamo preghiera**, una preghiera vivente.

Noi diventiamo questo tipo di preghiera quando il frutto del contatto con il divino, le risposte che otteniamo e le riflessioni che ne vengono fuori, ci inducono a vivere in un altro modo: a vivere con un canale d'amore e di luce.

Un prolungamento di quel ponte che abbiamo aperto con il mondo spirituale. E' la realizzazione della "preghiera cosciente".

Ma, come per tutte le realtà spirituali, la preghiera è vera ed efficace per noi solamente dopo che l'abbiamo sperimentata, dopo che ne abbiamo personalmente verificato la forza. Ma è solo se progressivamente arriviamo ad esercitare il terzo tipo di preghiera, quella cosciente, che possiamo rendercene veramente conto. Dai primi due tipi di preghiera - quella "del cuore" e quella "del cuore e della mente" si può tornare indietro, pensando che sono solo un conforto intellettuale o del cuore... una consolazione. Dalla preghiera cosciente non si torna più indietro, perché nella nostra vita vediamo che funziona! Sperimentiamo che il ponte con il mondo spirituale esiste, che siamo noi stessi quel ponte...e *attraverso di noi* nella realtà che ci circonda e nella nostra interiorità avvengono *veramente* tante cose positive. Che sono in armonia con i disegni divini e con il bene di tutti…

Pregare è fare il vuoto dentro di noi, spinti dal cuore, lasciare entrare luminose intuizioni divine, impulsi spirituali… e "scaricarli" con amore nelle nostre azioni sulla terra. Senza trattenere nulla "per noi". Anche le vere conoscenze, se trattenute per noi, ci fanno male... Tutto deve fluire tramite noi dal mondo spirituale all'ambiente e alle persone intorno a noi.. e sta a noi arricchirlo del particolare ed unico "colore" dei nostri talenti, della nostra creatività, della particolare tonalità della nostra luce e dell'inconfondibile calore del nostro cuore...

per pregare occorrono delle formule particolari?

No, certo che no ..

Come genitori di certo non chiediamo ai nostri figli di inginocchiarsi davanti a noi e di ripetere formule specifiche, o di entrare in una stanza particolare, prima di deciderci a dargli retta. Quello che veramente ci interessa è che il loro dialogare, il loro aprirsi a noi sia cosciente, intelligente, sincero, con il cuore aperto e il più maturo possibile.

Lo stesso chiede a noi il mondo spirituale.

Ognuno ha il diritto di parlare con i propri genitori, anche quelli spirituali, come pensa e sente che sia meglio, in piena libertà.

e allora le preghiere tradizionali a che servono?

Le guide spirituali dell'umanità operano sempre per favorire la nostra evoluzione, e forniscono l'ambiente, gli strumenti e gli stimoli per farci crescere nel modo migliore. Nei millenni passati, hanno ispirato in determinati personalità delle conoscenze che potessero aiutare tutti gli uomini nel rapporto con la divinità. Le preghiere tradizionali delle principali religioni fanno parte di queste conoscenze. Servono a darci una mano prima ancora che arriviamo con la nostra coscienza a capire come metterci in contatto con il mondo spirituale. Questa funzione la svolgono sia le preghiere che determinati "mantra", che sono suoni, parole o formule ripetute in stato meditativo.[13] Ma sono veramente efficaci solo se provengono da grandi iniziati, che in tutte le culture del mondo hanno trasmesso al loro interno una saggezza superiore.

"Si possono prendere tutte le vere preghiere e analizzarle parola per parola: mai si troverà che siano parole accostate tra loro arbitrariamente... Non c'è una formula di preghiera che non sia derivata dalla grande

---

[13] La ripetizione di determinate formule, che siano mantra o preghiere - come nel caso delle Litanie o del Rosario, o di versetti del Corano o della Torah - ha lo scopo di coinvolgere una parte importante della nostra natura: il *corpo eterico* o *vitale*. Questo viene particolarmente influenzato dall'elemento ritmico, che in determinate condizioni aiuta a perdere il contatto con la razionalità, favorendo stati di coscienza diversi dal normale. Si può usare per vari scopi: positivi, come nella ricerca del contatto con il divino, o di altro tipo - anche negativi – come certi messaggi pubblicitari, gli slogans fatti ripetere ad una folla per migliorarne il controllo, o battere ritmicamente le lance o i manganelli sugli scudi di un esercito prima dello scontro o di un reparto di polizia in ordine pubblico. Per un approfondimento delle caratteristiche del corpo vitale o eterico, e più in generale della natura umana, vedi il libro *"Corpo, Anima, Spirito – come siamo fatti e perché"*, dello stesso autore, edizioni Il Ternario, marzo 2005.

conoscenza."[14] Una comprensione profonda, ispirata, della natura umana, dei suoi corpi sottili, delle tempeste dell'anima, delle relazioni tra corpo, anima e spirito. E la conoscenza di quali suoni, di quali parole, di quali concetti, siano in grado di "lavorare" su queste parti della nostra natura per aiutarci a crescere e ad affrontare al realtà.

Lo stesso Gesù Cristo, "il grande iniziatore, il fondatore del cristianesimo", nel dare indicazioni su come pregare e poi nel donare le formule del Padre Nostro, aveva ben presente la natura umana e la sua evoluzione. "Così sono tutte le preghiere: se non fossero così non potrebbero agire attraverso i millenni. Solo quelle fondate su queste conoscenze profonde hanno la forza di agire anche nell'uomo più semplice, anche in chi neppure ne comprende il significato."[15]

Le preghiere tradizionali hanno lo scopo di elevare verso il rapporto con le dimensioni superiori le frequenze dei nostri differenti

---

[14] Rudolf Steiner, "*Il Padre Nostro – una considerazione esoterica*", pag.21, Ed. Antroposofica, Milano 1994.
[15] Rudolf Steiner, "*Il Padre Nostro – una considerazione esoterica*", pag.21, Ed. Antroposofica, Milano 1994.

corpi: in modo saggio e "automatico" ci portano a contatto con elementi di luce e di amore che, attraverso certe formule, trovano un varco in noi, per aiutarci e sostenerci. Anche se non siamo coscienti dei processi che si producono pronunciandole e ripetendole.

Queste preghiere sono poi fatte "a più strati": man mano che cresciamo, siamo sempre più in grado di comprendere prima i significati apparenti, più semplici, che quelle parole ci portano. Fino ad arrivare a individuare anche i pensieri più profondi di cui sono composte. E allora possiamo meditare con vantaggi ancora maggiori su questi pensieri, fatti apposta per fornire nutrimento alla nostra coscienza.

Queste grandi preghiere sono state ideate per seguire ed alimentare l'umanità per un lungo tratto della sua evoluzione: da una coscienza molto semplice, bambina, che si abbandona col cuore alla preghiera, fino ad una coscienza adulta. Così matura da riconoscere in queste formule pensieri profondi ed elevatissimi; di alimentarsi coscientemente di grandi forze cosmiche; di stabilire un rapporto più libero, indipendente ed elevato con il mondo spirituale: di comprendere e parlare meglio la sua lingua.[16]

Maggiore è il nostro livello di coscienza nella comprensione del senso profondo delle parole che pronunciamo, più forte è l'effetto di queste preghiere. La luce e l'amore del mondo divino riescono ad amplificare la nostra luce ed il nostro amore. E noi siamo più capaci di intervenire positivamente nelle situazioni che viviamo.

Possiamo pregare come vogliamo, rivolgerci al mondo spirituale nel modo che sentiamo migliore. Le preghiere tradizionali sono uno strumento in più per farlo, molto efficace e donato direttamente dalla saggezza divina. A noi scegliere, momento per momento delle nostre giornate, quando meditare, quando parlare con gli esseri spirituali come con degli amici, o dei genitori, o quando usare il canale delle preghiere tradizionali.

L'importante è rendersi conto non solo che abbiamo sempre bisogno di conforto e di aiuto,

---

[16]Nella seconda parte di questo libro, alcune proposte di lettura approfondita delle principali preghiere tradizionali cristiane.

ma che possiamo dialogare costantemente con il mondo spirituale. E che attraverso questo dialogo - questo pregare – possiamo avere a disposizione tutti i giorni, in tutte le situazioni, un aiuto di luce e di amore in più per affrontare la vita.

i luoghi, i gesti, i riti

Come abbiamo visto, il luogo dove pregare non è di per sé importante: un buon genitore è disposto ad ascoltare i figli ovunque.

Ma allora perché l'umanità ha sempre scelto dei posti particolari per rivolgersi a Dio? Determinati luoghi sulle montagne, nelle foreste, nel deserto, vicino all'acqua, in certe grotte... O templi di varie forme, chiese, sinagoghe, moschee, posti spesso in luoghi scelti con grande cura.

Che bisogno c'è se il mondo spirituale è ovunque e sempre disponibile?

In effetti ne abbiamo bisogno noi, non il mondo spirituale: certi luoghi convogliano verso di noi determinate energie che aiutano le nostre capacità di "salire", di acquisire una frequenza migliore, più adatta a porci in comunicazione con gli esseri spirituali.

La Terra è un essere vivente, attraversato da energie, in tutto simili a quelle di cui noi siamo fatti. E queste energie non sono distribuite in modo uniforme, ma secondo una geografia che gli iniziati possono vedere: canali, correnti di energia e punti particolari di passaggio, di concentrazione e di snodo dei vari flussi. La Terra ha dei veri e propri "chakra", che sono questi punti di concentrazione, e dei "nadi", che sono i canali di connessione. Come un qualsiasi altro corpo vivente. Esiste quindi per la Terra una rete di energie uguali a quelle che circolano in noi, e che le medicine orientali continuano a tenere ben presenti quando si occupano del corpo umano.

Anche se non ce ne accorgiamo facilmente, noi viviamo sempre a contatto con luoghi situati in zone differenti di questa rete energetica. A seconda di dove stiamo, le energie sottili di quel posto influenzano il benessere o il malessere delle nostre varie componenti. Sono in grado di far vibrare positivamente le energie dello stesso tipo presenti in noi, o negativamente.

Tutti noi ci troviamo a nostro agio in certi posti e meno in altri. Anche il nostro gatto preferisce fermarsi in determinati punti, ben precisi della nostra casa o del nostro giardino, ed in altri no.

Così come con le preghiere le nostre guide spirituali hanno fornito delle formule di grande e misteriosa efficacia nel facilitare il contatto con il mondo spirituale, lo stesso è avvenuto per i luoghi. Hanno così da sempre fatto in modo che alcuni iniziati, in contatto più diretto con loro, acquisissero una saggezza e conoscenze superiori tali da individuare i posti migliori per pregare: quei posti le cui energie alimentavano le vibrazioni più adatte ad entrare in comunicazione con la dimensione superiore. Delle vere e proprie "porte dimensionali" a nostra disposizione, per dialogare con il cielo. Naturalmente a condizione di essere già interiormente preparati da poterne fare uso. Alcuni punti del globo sembrano aver energie fortissime, che provengono dalle profondità della Terra. Energie alle quali i circuiti esoterici hanno fatto riferimento come forze della Grande Madre, raffigurate dalla nere statue di Iside, e poi dalle tante Madonne Nere. O anche come "energie del drago". Ce ne sono in tutti i continenti, in tutte le nazioni.

Ne citiamo uno in particolare, il monte Moriah a Gerusalemme. Il monte fu scelto per il Tempio di Salomone - edificato dal mitico architetto Hiram -, dove era custodita l'Arca dell'Alleanza. Del Tempio è rimasto il Muro del Pianto, il luogo più venerato dalla religione ebraica. Mentre ad Hiram fanno capo le tradizioni massoniche internazionali. Vicende importanti della vita di Gesù Cristo si svolgono sul Monte Moriah. In cima al monte c'è un grande pietra, quella dove Abramo stava per sacrificare Isacco. La pietra è ora all'interno di una meravigliosa moschea ottagonale con la cupola dorata, la moschea di Omar, costruita sul posto dal quale Maometto sarebbe asceso al cielo. Ed è questo il terzo luogo santo dell'Islam. I templari ne fecero la loro chiesa dopo la conquista di Gerusalemme alla prima crociata. Il loro quartier generale era nella Stalle di Salomone, un edificio alle pendici del monte dal quale si accede direttamente al labirinto di sotterranei del monte Moriah.

Chiaramente un luogo di grande forza, al quale si sono dirette le attenzioni di millenni. Che incrocio di spiritualità, di aspirazioni umane, positive o deviate, ha suscitato ed attratto questo importante chakra della Terra…! E tuttora è aspramente conteso da opposti fronti della politica e dalla religione.

Anche gli eremiti e i mistici hanno spesso ricercato questi luoghi, nella profondità rocciosa di certe grotte o sulla cima di determinati monti, dove più facile era il contatto con le sacre forze telluriche, capaci di favorire i loro collegamenti con la dimensione spirituale.

Con i millenni il mondo spirituale ha fatto in modo che gli iniziati acquisissero anche una particolare saggezza costruttiva: che sapessero costruire lungo i nadi e sui chakra della Terra degli edifici con forme particolari, tali da favorire ancora di più la comunicazione con il cielo.

Siccome queste forme servivano all'umanità, si sono modificate nel tempo, man mano che l'uomo si evolveva: si adeguavano alle loro nuove esigenze spirituali. E allora si è passati dai primi menhir e dolmen e ai cerchi di pietre, poi dagli antichi templi di varie forme e dalle piramidi al tempio di Gerusalemme, alle pagode, ai templi indù, zoroastriani, buddhisti, islamici ed alle chiese, prima romaniche, poi infine gotiche...

Spesso i luoghi sono sempre gli stessi: su un certo luogo, che magari è un "chakra" particolarmente favorevole della Terra, gli uomini hanno costruito prima un'ara votiva o sacrificale, poi magari vari tipi di templi ed infine una serie di chiese di vari stili una sopra l'altra, con architetture aggiornate alle nuove esigenze. E spesso si può ancora verificare che in quei luoghi c'era una concentrazione di elementi particolari: determinate grotte con certe rocce, quasi sempre l'acqua, portatrice di grandi energie – una vena sotterranea o un antico pozzo sacro.

La costruzione che vi era di volta in volta sovrapposta era spesso ugualmente sacra, frutto di ispirazione divina, affidata ad architetti e costruttori iniziati. Edifici orientati cosmicamente per raccogliere ed amplificare influssi solari, dei pianeti o addirittura stellari. E le misure degli edifici sono basate sulle proporzioni "auree" della geometria sacra, quella adoperata dal creatore per tutte le forme della natura, comprese quelle dell'uomo.

Entrare con il giusto stato d'animo e con il cuore aperto in uno di questi templi, in una di queste *porte dimensionali*, provocava negli uomini una profonda elevazione spirituale.

Tutto ciò funzionava molto bene ancora nel Medio Evo, quando vediamo sorgere enormi cattedrali fatte appositamente per elevare, per imprimere forti impressioni spirituali in grandi masse riunite a in preghiera.

La saggezza costruttiva derivava dallo stesso tipo di conoscenze che avevano, ad esempio, portato alla costruzione della Grande Piramide di Giza, ma i tempi erano cambiata, le esigenze evolutive dell'umanità erano diverse, e quindi le "porte dimensionali" erano progettate in un altro modo. La grande Piramide era fatta per portare al contatto con il mondo spirituale una o pochissime persone per volta: il Faraone e forse alcuni iniziandi di livello superiore; mentre una cattedrale gotica era concepita per elevare intere moltitudini, province intere.

Poi, a partire dal Rinascimento, l'umanità ha cominciato a cambiare progressivamente. Sempre di meno sono stati i templi costruiti con le giuste caratteristiche. Le antiche chiese fatte per essere *porte dimensionali* sono spesso ancora lì, a disposizione, ma noi siamo cambiati: già con il Rinascimento l'uomo ha cominciato un cammino nella direzione adolescenziale del distacco dai propri genitori, dal mondo spirituale. Per avventurarsi sempre più solamente nel mondo delle apparenze e della materia. E così ci siamo in qualche modo progressivamente "desensibilizzati": anche l'ispirazione sacra ha progressivamente abbandonato gli architetti.

E' vero che ancora oggi, entrando in uno di questi templi, fatti nel posto giusto e da una saggezza costruttiva di origine "divina", possiamo provare delle intense emozioni. Ma sono ben lontane da quello che un uomo del tredicesimo secolo poteva sentire immergendosi nella preghiera in una cattedrale gotica, quando tutta la sua natura in qualche modo riusciva a vibrare e ad elevarsi "automaticamente" al contatto con il mondo spirituale. Grazie al suo cuore ancora aperto, alla mente non ancora troppo "materializzata", al luogo propizio, ai giusti riti ed alle apposite formule di preghiera.

Le "macchine spirituali" - le grandi chiese e i grandi templi costruiti in modo ispirato - sono in parte ancora lì, ma noi siamo cambiati, ed ora, se vogliamo riattivarle serve un grande lavoro di cuore, coscienza e conoscenza da parte nostra. Al quale siamo chiamati nella nostra epoca.

L'umanità che nel Medio Evo ricevette queste forti impressioni spirituali, le ha ancora impresse nel profondo delle singole interiorità. Ed è ora sempre più in grado di risvegliarle con la maturazione e la crescita della propria coscienza, per metterle a disposizione di un uovo modo di agire nella vita.

Il tempio è ora soprattutto l'uomo stesso, che comincia ad avere ormai tutte le possibilità interiori di comunicare in modo soddisfacente con il divino, e di portare azioni divine sulla Terra. Lo dobbiamo scoprire liberandoci dagli aspetti deteriori della cappa di piombo del materialismo, che acceca la nostra coscienza.

Ad un modo nuovo, più spirituale, di vivere potranno allora corrispondere nuovi e più evoluti modi di costruire luoghi di preghiera.

Molti sono gli elementi che le guide spirituali dell'umanità hanno trasmesso per facilitare il contatto con il mondo spirituale. Oltre alle formule di preghiera, ai luoghi ed alle architetture, anche determinati riti delle varie religioni, determinati gesti compiuti dagli officianti o dai fedeli: inchini, braccia al cielo, segni di vario tipo, flessioni, mani giunte, o con le dita tenute in vari modi...

E poi una serie di complementi come le candele, gli incensi, gli olii sacri, l'acqua santa, il fuoco...

Tutti strumenti suggeriti dal mondo spirituale in un lontano passato, e dei quali spesso abbiamo dimenticato il vero significato. Forze specifiche, energie particolari vengono messe in moto da questi gesti, da questi riti e dall'uso di certi complementi. Ma noi ci siamo anche in questo caso progressivamente desensibilizzati al flusso di forze che si muovono in questi modi: semplicemente non le sentiamo più *automaticamente*, o molto poco.

Spesso facciamo certe cose, se le facciamo, perché quella è la tradizione. Al massimo li riteniamo dei "simboli".

Servono ancora?

Dipende da noi, solo da noi... Non dal mondo spirituale o dalla forza intrinseca di certi gesti, di certi riti, di certi complementi.

In parte svolgono per noi ancora una certa funzione, e se ne facciamo uso la possiamo riconoscere soprattutto con il nostro cuore: ci rendiamo conto se una forza emotiva ci attraversa spingendoci verso l'alto, oppure se quello che facciamo è del tutto meccanico e ci lascia indifferenti.

Se vogliamo ritrovare il senso di queste ritualità, dobbiamo riacquisirne la conoscenza e la coscienza piena. E lo possiamo fare, partendo dal punto di vista che non si tratta solo di simboli o di gesti senza senso, ma di qualcosa da provare con attenzione, con la massima apertura del cuore e della mente. Per ricavarne un po' alla volta le nostre esperienze.

L'uomo è sempre più aperto a qualsiasi esperienza autentica, e lo è sempre di più senza i vecchi limiti: ora è possibile riscoprire i riti tradizionali e vivificarli, scegliere quelli che vogliamo, che riteniamo migliori per noi… O anche crearne di nuovi…

Sulle ali di un rapporto diretto con il mondo spirituale tutto è possibile…

I riti, i gesti, le formule sono importanti: fanno parte del nostro ponte di comunicazione con il mondo spirituale. Se non ci vanno le vecchie formule, le vecchie liturgie, se non ci piace il modo nel quale vengono presentate, se non le sentiamo più nostre, non è detto che allora dobbiamo accettarle supinamente oppure in alternativa stare semplicemente senza…

Se ad esempio vogliamo dare un senso spirituale ad una cerimonia, come un funerale o un matrimonio, non siamo obbligati ad accettare un rito religioso che magari non sentiamo. Né ad accontentarci di un rito civile privo di spiritualità.

Se non è possibile trasformare il rito religioso in forme per noi più autentiche, possiamo crearne di nuove: siamo liberi di fare riferimento ai gesti, ai riti, ai significati che più sentiamo, maturati dopo una riflessione cosciente, o sviluppati da noi durante una meditazione, ispirati da una preghiera, o tratti dalla nostra e da altre tradizioni. Purché siano autentici e sentiti, purché veramente ci aiutino a far entrare maggiormente il divino nella nostra vita.

Se non possiamo fare queste cose in una chiesa, o in un tempio, facciamole in un bel prato, sotto un grande albero, oppure in casa nostra...

Dio e gli esseri del mondo spirituale sono *ovunque*, pronti a comunicare... Siamo noi che dobbiamo trovare i modi migliori per aprirci a loro.

II

le preghiere
tradizionali cristiane

Quelle che seguono in questa seconda parte sono delle libere proposte di lettura e di interpretazione delle più note preghiere tradizionali cristiane.

Spesso di queste preghiere non comprendiamo più l'importanza e la forza: sembra quasi che la pratica di tanti secoli le abbia in qualche modo consumate. Per molti di noi il troppo sentirle o il troppo ripeterle ne ha ridotto di molto il valore: si fa sempre più fatica a pronunciarle.

Ma questo non dipende dalle preghiere: siamo noi che non le sentiamo più con il cuore, nello stesso modo di una volta. Il loro impatto sugli uomini non è così immediato come lo era in passato. Perché il nostro attaccamento alla materia è aumentato, e la nostra capacità di pensiero, la nostra razionalità, ha un peso più importante nell'umanità della nostra epoca. E la mente da sola non trova granché di senso e di utilità in queste antiche formule per rivolgersi a Dio.

Proprio per questo nel rapporto con queste preghiere siamo ora davanti a un bivio: o la nostra coscienza si rende conto, sia col cuore che con la ragione, del fatto che nelle loro parole vivono forze profonde e superiori, da scoprire e da usare come strumento di crescita, oppure sono destinate all'oblio... Ma in tale caso avremo perso un formidabile aiuto nella nostra vita quotidiana, che proviene direttamente dalla saggezza divina. Elaborato proprio per aiutare tutte la parti di cui siamo fatti ad evolversi in senso positivo.

Come abbiamo ricordato in precedenza, le parole ed in pensieri espressi in queste preghiere non sono affatto casuali, ma sono il frutto di profonde conoscenze trasmesse dal mondo spirituale a determinate personalità del passato, che avevano il compito di guidare l'umanità in crescita.

L'intento delle pagine che seguono è di mostrare quanto siano importanti, e come possiamo farne uso in un modo nuovo e molto più efficace che nel passato. Approfondendone la comprensione col cuore e con la mente.

Le possibilità di lettura e di interpretazione sono molteplici. Come sempre per i veri testi sacri, è praticamente impossibile sondarne tutti gli aspetti e tutti i significati.

Noi proveremo a suggerire un commento che, basandosi sui contributi di pensiero di studiosi e veggenti che si sono dedicati a questi temi[17], mostri la possibilità di scoprire un uso

---

[17] La base interpretativa fondamentale viene dalla Scienza dello Spirito, ed in particolare dalle importanti

più cosciente ed efficace di queste preghiere nella nostra vita quotidiana. Perché non siano più per noi parole o gesti frettolosi, formule vuote, polverose, ripetute in fretta o dimenticate, ma la possibilità concreta di costituire rapidamente, quando vogliamo, un ponte con la luce dei mondi spirituali.

Prima di passare alla lettura delle singole preghiere, appare utile illustrare in breve alcuni concetti propri della scienza dello spirito, o della scienza iniziatica, che costituiscono la base per comprendere, al di là della superficie, le preghiere che seguono.

---

comunicazioni del suo fondatore e ispiratore, Rudolf Steiner.

il piano divino

Cerchiamo di immaginare, nel modo più semplice possibile, come potrebbe essere avvenuta la creazione. Rudolf Steiner fa un esempio per darci un'idea di quello che può essere successo, e chiede di immaginare di stare "davanti a uno specchio, con davanti a noi la nostra immagine che ci guarda. L'immagine è una illusione che è del tutto simile a noi."[18] Noi sappiamo che quell'immagine è priva di una sua vita. Ma sentiamo un tale impulso d'amore da **voler** dare la nostra vita per trasferirla in quella immagine. Se fossimo capaci di farlo ci svuoteremmo completamente della nostra vita, che emanerebbe, fluirebbe da noi verso l'immagine. E questa diventerebbe viva. Il

---

[18] Rudolf Steiner, "*Il Padre Nostro – una considerazione esoterica*", pag.12, editrice Antroposofica, Milano 1994.

nostro "sacrificio" darebbe vita a qualcosa che prima non aveva una "sua" vita.

Questo sacrificio supremo è quello che Dio avrebbe compiuto all'inizio dei tempi: sulla base di un amore totale, ha voluto trasformarsi in "creazione". Forse questa *esplosione di spirito* originaria, che diventa tutta una serie di materie, energie, esseri e dimensioni differenti è proprio quello che i nostri scienziati chiamano "big bang". Ma che altro non sarebbe che gli effetti multidimensionali, dai piani spirituali a quelli materiali, di una esplosione di **volontà** di amare.

Poiché questo è un modo di generare, quello iniziale, alla base di tutto quello che esiste, la tradizione esoterica ha chiamato l'essere originario "**Padre**". Ma, cogliendo il suo impulso nell'atto di generare, di creare, lo chiama anche "**Volontà**". Quindi la volontà è un attributo divino che trova la sua spinta di base nell'amore e la sua realizzazione nel creare. Nel creare con parti di sé…

Nel momento in cui diventa flusso ed energia creativa che si articola in tante dimensioni sagge e luminose, in una serie infinita di progetti evolutivi di miriadi di esseri, la divinità è diventata anche qualcosa di nuovo e diverso rispetto a quella enorme volontà amorosa iniziale: è diventato egli stesso la creazione. E' ora anche l'immagine dello specchio ormai piena di vita, un fluire creativo intelligente che l'esoterismo cristiano chiama "**Regno**", il Regno di Dio. E' la creazione in atto, nel suo sviluppo in tanti mondi ed in tanti esseri. Le più profonde, antiche correnti cristiane, chiamano "Logos", oppure "**Figlio**", questo aspetto di creazione continua, vitale, saggia e amorosa della divinità.

Il flusso creativo si articola poi in esseri, in creature di vario tipo. Appartenenti ai vari "regni" nei quali il Regno di Dio si suddivide: le differenti dimensioni del cosmo, tutte abitate da esseri in evoluzione, come le gerarchie spirituali angeliche, il regno umano, quello animale, quello vegetale e quello minerale, i vari regni elementari, e chissà quanti altri che non conosciamo... Dal flusso creativo emergono e si sviluppano gli esseri creati. Questi esseri hanno un "**Nome**", ognuno il proprio... Vale a dire che avendo un proprio nome sono distinti dagli altri esseri, e cominciano anche ad essere sempre più distinti dal loro creatore. Perché, nel suo sacrificio iniziale, il Padre ha messo in loro una scintilla di sé, del suo spirito, che è destinata ad evolversi all'interno del fluire dei vari "regni". L'amore del Padre vuole che le sue creature abbiano in sé una scintilla individuale, distinta, ma fatta della stessa sostanza del suo spirito. Che abbiano quindi un "nome", un elemento di luce individuale, che possiamo anche chiamare **"Spirito Santo"**. Dietro al singolo nome di ogni essere della creazione c'è uno Spirito Santo, una particella di Dio Padre in crescita. Uno spirito "intoccabile" e immortale - questo è il senso del termine "santo" - che nasce dal Padre, che si alimenta delle forze, delle energie del Regno; e che ha tutte le potenzialità, in quanto Figlio del Padre, e quindi fatto della sua stessa sostanza di Spirito, di diventare, alla fine della propria evoluzione, un creatore a sua volta, un Padre.

Abbiamo quindi:

- un **Padre**, che è anche il principio divino della **Volontà**,
- un **Figlio**, che è anche l'immagine vivificata, il **Regno**, il principio divino del fluire della creazione saggia e amorosa,
- ed uno **Spirito Santo**, che è il cuore creativo di ogni **Nome**, il principio divino di ogni creatura ben definita che si evolve per diventare creatore.

Tre modi diversi ed armonici di porsi della divinità. Quella che in termini tradizionali cristiani è la **Trinità**: Padre, Figlio e Spirito Santo.

Nell'approfondire il senso di alcune preghiere, come il **Segno della Croce**, il **Padre Nostro** ed il **Gloria**, sarà estremamente utile tenere presenti questi termini ed il loro significato. Perché sono i tre aspetti principali della divinità, e perché pronunciando queste preghiere creiamo un ponte di comunicazione tra noi e questi principi divini. E se sappiamo a chi ci stiamo rivolgendo, aggiungiamo importanti elementi di coscienza alla nostra preghiera.

Naturalmente, possiamo stabilire un ponte di comunicazione con questi tre principi solamente perché già li abbiamo dentro di noi, perché il mondo spirituale, nel crearci, ci ha fatto a "immagine e somiglianza di Dio", in tutti i suoi aspetti. Anche se dentro di noi sono ancora a livello potenziale e per la gran parte da sviluppare nella nostra evoluzione futura. Però li abbiamo già dentro: abbiamo quindi in noi quelle "frequenze" che, come abbiamo visto nella prima parte del libro, ci consentono di comunicare con la stesse frequenze del mondo spirituale. Determinate preghiere, con le loro formule particolari, ci aiutano a modulare le nostre frequenze "divine" nel modo giusto, anche se non sono ancora sviluppate.

Una migliore conoscenza della natura umana, e delle sue componenti, è estremamente utile per approfondire la comprensione di preghiere come il Segno della Croce, il Padre Nostro, il Gloria, l'Ave Maria e l'Angelo di Dio.

la natura umana

Siamo fatti in un modo ben preciso e saggio, di parti più materiali e di altre più "sottili", ognuna con una sua funzione nel corso dell'evoluzione. La struttura degli uomini, in quanto figli del Padre, comprende tutti i principi cosmici, ma il loro equilibrio nel nostro essere dipende dal livello di coscienza che abbiamo raggiunto. All'inizio della evoluzione le parti fisiche erano prevalenti e le loro esigenze si imponevano; poi, attraverso varie fasi siamo arrivati ad un'epoca nella quale le tendenze dell'anima hanno assunto maggiore peso. Successivamente si è sviluppata maggiormente la razionalità e quindi i complessi meccanismi della psiche... E' un po' quello che succede in ogni singola esistenza quando, man mano che si cresce, parti differenti di noi - il corpo, l'anima e le sue varie tendenze, e poi lo spirito - assumono importanza differente le une rispetto alle altre, man mano che passano gli anni. All'inizio, nella prima infanzia, dominano le esigenze primarie del corpo; poi l'enorme vitalità di quando siamo bambini; successivamente le pulsioni dell'adolescenza; quindi diventa possibile sviluppare una maggiore capacità di ragionare, e poi eventualmente anche quella di affrontare la vita in piena coscienza... Fino ad arrivare, se tutto va bene, a portare la dimensione spirituale nella propria esistenza quotidiana.

Ognuna di queste fasi corrisponde al prevalere di una parte della nostra natura nel corso della nostra vita. La stessa cosa, secondo Steiner, è avvenuta all'umanità nel corso della sua lunga evoluzione.[19]

Determinate preghiere fanno "risuonare" queste parti della natura umana - tutte o alcune di esse - per portarle su una frequenza migliore, per facilitare la loro evoluzione. E' come se, quando creiamo un ponte di comunicazione con il mondo spirituale, questo venisse ad "accordare" il nostro strumento un po' "scordato" dalle difficoltà della vita. Non a

---

[19] Per un approfondimento del disegno evolutivo e delle sue varie fasi, vedi Rudolf Steiner, "*La scienza occulta nelle sue linee generali*", ed. Antroposofica, Milano.

caso, come vedremo, le parti principali di cui siamo fatti sono sette, come le note musicali. Ma anche come i colori dell'iride, o come i giorni della settimana, come i pianeti principali che influenzano la vita sulla Terra, o come i livelli "quantici" sui quali si dispongono gli elettroni intorno al nucleo dell'atomo. Il sette, nelle tradizioni esoteriche, è il numero di tutto ciò che è in evoluzione…[20]

E come vedremo sette sono le formule del dialogo tra uomo e Dio nella preghiera insegnata direttamente dal Cristo: il Padre Nostro.

Vediamo allora come siamo fatti[21] secondo le grandi tradizioni esoteriche e secondo la scienza dello spirito.[22]

---

[20] Secondo Steiner (ibid.), tutta l'evoluzione è basata su cicli di sette periodi, così come anche la vita umana è suddivisa in cicli di sette anni, ognuno corrispondente allo sviluppo di una parte della nostra natura fatta di sette elementi costitutivi.

[21] Possiamo qui riportare solo una estrema sintesi di questo importante argomento, che viene trattato in modo più ampio e diffuso nel libro "Corpo, Anima, Spirito" dello stesso autore, ed. Il Ternario, marzo 2005.

[22] Ci sono molti altri modi di definire e numerare le parti della natura umana. A seconda delle differenti tradizioni o delle diverse personalità Quando l'origine

Anche noi siamo fatti di **sette parti**:

1. il corpo che vediamo, sentiamo e tocchiamo, è fatto degli stessi atomi di cui è fatto il resto del cosmo, della stessa materia, e lo chiamiamo **corpo fisico**;

2. questo corpo fisico sarebbe del tutto inerte, come un minerale, se dentro non ci fosse la vita. E' un altro corpo, il **corpo vitale, o eterico**, per noi invisibile, che dà vita al corpo fisico, gli dà una forma, la capacità di riprodursi e di crescere. Quando il corpo eterico esce dal corpo fisico, questo muore e ridiventa solamente materia minerale; il temperamento, le abitudini, le tendenze e la memoria sono caratteristiche date dal corpo eterico; le caratteristiche comuni, di specie, di razza, di popolo, di famiglia, sono particolarmente impresse nel corpo eterico;

3. c'è poi un corpo superiore, il **corpo astrale**, sempre invisibile ai sensi fisici, che

---

di queste conoscenze è genuina, frutto di un rapporto vero con il mondo spirituale, non è difficile verificare che, al di là delle differenti denominazioni e classificazioni, si tratta delle stesse realtà fisiche, animiche o spirituali. .

è una specie di contenitore della nostra anima. L'anima è un qualcosa di solamente nostro, un mondo inaccessibile dall'esterno, che è la somma delle nostre esperienze individuali. O meglio, è la somma del nostro modo di reagire alle esperienze della vita. Una parte più bassa dell'anima, *l'anima che sente*, produce impulsi, sensazioni, desideri, passioni per il mondo esterno; una parte intermedia, *l'anima che ragiona*, sviluppa la capacità di ragionamento sulle varie esperienze, ed infine una parte superiore, *l'anima cosciente*, si sviluppa quando ogni uomo porta nel suo corpo astrale e nella propria vita dei principi superiori, non dettati dalla materia e dai sensi, ma dall'amore disinteressato e dall'armonioso progetto divino di amore creativo; normalmente *l'anima che ragiona*, il nostro modo di pensare, è tutto preso dalle esigenze dell'*anima che sente*; il compito di ogni uomo della nostra epoca è quello di aiutare l'*anima cosciente* a prendere il controllo dell'anima che sente e dell'anima che ragiona, per spostare il nostro equilibrio verso il mondo spirituale;

4. man mano che l'anima cosciente trasforma in senso positivo il corpo astrale, in esso

prende forza la nostra genuina componente spirituale, la scintilla divina originaria: **il nostro io**. Normalmente il nostro io è offuscato dai bisogni della materia e dalle pulsioni dell'anima, ed allora lo chiamiamo *io ordinario*: la nostra coscienza normale. Man mano che l'anima cosciente lavora positivamente nella vita, con amore disinteressato e saggezza, il nostro io si trasforma sempre di più in *io spirituale*; e lentamente si evolve la scintilla divina originaria di un nuovo dio in crescita.

Questi sono i quattro **elementi "inferiori"** della nostra natura, quelli ancora prevalenti in noi, nella nostra attuale fase di evoluzione. Quando però entriamo in comunicazione con il mondo divino, in noi cominciano a prendere forza tre componenti **"superiori"**, che sono in noi in embrione, e che si svilupperanno nel futuro, amplificando la forza e le qualità spirituali del nostro io. Vediamo che senso hanno per noi:

5. Nella nostra vita quotidiana, la capacità di "sapere come stanno le cose", di vedere lo spirituale all'opera in tutte le creature, di capire il senso vero di quello che succede e di sapere cosa fare, con il massimo di

coscienza, si chiama **manas**.[23] Abbiamo appena cominciato a svilupparlo, e siamo ancora ai primordi. Lo si fa crescere entrando sempre più in contatto con le dimensioni superiori, soprattutto attraverso il meccanismo di coscienza che ci porta ad avere *intuizioni* dal mondo spirituale. L'intuizione è quel pensiero luminoso che sorge in noi e che in certe situazioni della vita ci dice con sicurezza, al di là della ragione, come stanno le cose e soprattutto cosa è bene fare. Queste intuizioni, che aumentano di frequenza man mano che la nostra coscienza si sviluppa, aiutano progressivamente la nostra anima cosciente a trasformare il corpo astrale e a farvi crescere dentro la nostra parte spirituale, il nostro *sé spirituale*, o manas. Più intuiamo e più capiamo del mondo spirituale e delle sue manifestazioni sulla terra e nel cosmo, quelle che abbiamo chiamato il "Nome".

---

[23] I tre elementi superiori della nostra natura vengono definiti in vari modi. Rudolf Steiner fa riferimento alle denominazioni orientali in sanscrito, e ne dà anche una denominazione occidentale: il *manas* è il *sé spirituale* (il principio cosmico del *Nome* divino in noi), il *buddhi* è lo *spirito vitale* (il principio del *Regno* divino in noi), e l'*atma* è l'*uomo spirito* (il principio della *Volontà* divina in noi).

Più comprendiamo il contenuto di spirito (Spirito Santo) all'interno di ogni cosa, di ogni essere e di ogni avvenimento. E allora ci rendiamo conto di come stanno veramente le cose e di quello che è bene fare nella nostra esistenza e nel mondo. Nella nostra vita quotidiana, ogni piccola o grande intuizione cui arriviamo con amore e sacrificando il nostro egoismo, è la costruzione di un mattone immortale del nostro manas. *Il manas è in noi il principio divino dello Spirito Santo, o Nome*;

6. Vivendo sempre più a contatto col mondo spirituale, elevando sempre di più la propria coscienza, esercitando sempre di più il proprio manas, si è attraversati in modo sempre più puro e forte dalle forze divine del Regno. Che, come abbiamo visto è il fluire creativo dell'amore divino. Si entra sempre di più in sintonia con questo principio divino, il Regno o il Figlio. Si diventa un cosciente canale di amore luminoso, che fa pienamente parte del Regno di Dio. Il passaggio delle energie d'amore nel canale lo trasforma progressivamente, lo purifica, spiritualizza le sue tendenze, le sue caratteristiche di base. Come il principio del Nome,

attraverso l'anima cosciente, trasforma la nostra anima, il nostro corpo astrale in manas, così il principio del Regno, trasforma il nostro corpo vitale o eterico in **buddhi**. Il carattere, la memoria, il temperamento, tutto si adegua alle pure correnti di luce ed amore del Regno ed alle sue finalità superiori. Diventiamo uno spirito ricolmo del fluire delle energie vitali, luminose e amorose del regno: uno *spirito vitale*. Nella nostra vita quotidiana, quanto più per amore riusciamo a fare nel migliorare il nostro carattere, le nostre abitudini, i meccanismi di pensiero, più diventiamo esseri in sintonia armoniosa con il cosmo e con gli altri. Più entriamo in sintonia con il principio divino del Regno. Ogni più piccola trasformazione permanente di queste caratteristiche del nostro corpo vitale è già ora la costruzione di un pezzetto immortale di buddhi.[24] *Il buddhi è in noi il principio divino del Figlio, o Regno*;

7. Il puro canale delle forze del Regno arriva con l'evoluzione e grazie all'esercizio di

---

[24] Questo principio, secondo Steiner, troverà il suo pieno sviluppo in una fase evolutiva successiva a quella del manas.

queste energie, ad una tale forza da poter trasformare la stessa materia fisica di cui è fatto. Quando sarà in grado di fare questo, in un lontano momento dell'evoluzione, sarà anche in grado di creare, con un puro atto di volontà saggia ed amante, come fa Dio Padre. A quel punto saremo **atma**, o uomini divenuti dèi creatori, o *uomini spirito*. Già ora possiamo sentirci all'inizio di questa lunga strada: più amiamo, pensando, sentendo ed agendo secondo il piano generale divino, più diventiamo luminosi, portiamo luce e *creiamo* intorno a noi situazioni piene di amore e di luce. Ogni qualvolta per amore introduciamo qualcosa di nuovo, di buono e di luminoso nel quadro della creazione, sia in noi che fuori di noi, costruiamo nel nostro io una particella immortale di **atma**: un mattone della nostra potenziale capacità di creare mondi. *L'atma è in noi il principio del Padre, o Volontà.*

Per riepilogare, le parti della nostra natura sono:

1. Corpo fisico.

2. Corpo vitale o eterico.

3. Corpo astrale o dell'anima, che è il contenitore *dell'anima che sente*, dell'*anima che ragiona* e dell'*anima cosciente*.

4. Io

5. Manas, o *sé spirituale*, o principio dello *Spirito Santo*, o del *Nome*.

6. Buddhi, o *spirito vitale*, o principio del *Figlio*, o del *Regno*.

7. Atma, o *uomo spirito*, o principio del *Padre*, o della *Volontà*.

Queste sette parti non sono separate, ma tutte compresenti una nell'altra. Con differenti gradi di sviluppo a seconda dell'evoluzione. Nella fase attuale, come "io" siamo chiamati a lavorare soprattutto per introdurre elementi spirituali nella nostra anima, attraverso l'anima cosciente. Quella che attraversiamo ora è proprio la fase di evoluzione in cui è possibile la crescita e la maturazione della nostra anima cosciente, dopo che nella fase precedente abbiamo sviluppato prevalentemente la nostra anima che ragiona.[25]

L'antica scuola pitagorica raffigurava i sette elementi come un quadrato, per gli elementi inferiori, immersi nel mondo della materia e delle apparenze, mentre con un triangolo rappresentava gli elementi umani superiori, gli attributi dello spirito, le articolazioni della divinità. Pitagora aveva vissuto un lungo

---

[25] L'esigenza di spiritualità che sentiamo ora come umanità, deriva proprio dal fatto che ormai la fase di sviluppo prevalente dell'anima che ragiona è in esaurimento. Questa fase ha dato luogo alla crescita di importanza di tutto quello che ha a che fare con l'intelletto e la razionalità: dai sistemi politici, giuridici ed economici, fino alla rivoluzione scientifica ed industriale. Che ora, nella fase che stiamo vivendo, sempre più mostrano il loro limite: la mancanza di una coscienza illuminata dall'amore dello spirito. Questa è la sfida del presente e del prossimo futuro.

periodo di iniziazione in Egitto, ed è chiaro come la Grande Piramide della piana di Giza sia una grande rappresentazione dell'unione tra Cielo e Terra, tra la base quadrata ed i triangoli che dall'alto le aggiungono la triplice dimensione spirituale: una *porta dimensionale* per facilitare i rapporti con il mondo spirituale.

Il quadrato ha sempre rappresentato gli elementi della terra: acqua, terra, aria e fuoco. Mentre con il triangolo da millenni si raffigura la divinità.

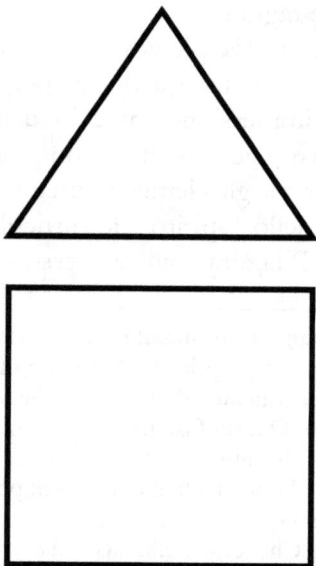

Nell'ambito delle nostre quattro dimensioni inferiori - corpo fisico, corpo eterico, corpo astrale e io - si svolge la vita terrena del nostro io ordinario, fatta di rapporti con la materia, con le correnti vitali, con i pensieri, i sentimenti e la volontà della nostra anima. Il nostro io ha poi la possibilità, se sviluppa una sufficiente coscienza - l'anima cosciente - di collegarsi alle sue tre qualità superiori, divine, che sono in grado di trasformare gradualmente le quattro parti inferiori, fino a "spiritualizzarle" completamente nel corso dei millenni della nostra evoluzione.

l'importanza della discesa
nella stanza segreta

Un altro elemento importante, prima di passare alla lettura delle preghiere tradizionali, è che non è la stessa cosa usarle in modo normale, ordinario, oppure in uno stato meditativo del tipo specificamente indicato del Cristo prima di insegnare il Padre Nostro.

La forza di queste formule, di queste preghiere c'è comunque, perché sono fatte apposta per aiutare gli uomini anche quando le recitano solamente con un moto del cuore, senza sapere bene cosa stanno dicendo. Hanno comunque un potere intrinseco, inserito nella successione di parole e di suoni, che va al di là della nostra coscienza, e che agisce sulla nostra natura, purché l'apertura del nostro cuore glielo consenta. Steiner dice che poi, con le successive traduzioni, gli effetti originari si sono in parte attenuati, ma non del tutto. Il nocciolo della saggezza profonda con la quale sono composte è tuttora in loro.

Se non si prega con il cuore, ma per qualche altro motivo egoistico, come "farsi vedere" dagli altri, o perfino per tacitare la propria voce della coscienza ancora immatura, e quindi si ripetono queste formule senza in effetti rivolgersi al mondo spirituale, non succede nulla di positivo...[26]

Ma se ci si pone nella condizione giusta, quella di momentanea chiusura al mondo esterno e di massima apertura della propria interiorità verso il divino, allora queste preghiere risuonano per intero, dispiegano tutta la loro capacità di elevare le parti inferiori della nostra natura, e di far vibrare le nostre componenti superiori sulla stessa frequenza dei principi divini. Allora l'apertura verso il cielo è massima, per quanto consentono la nostra fase evolutiva ed il fatto che siamo comunque ancora in un corpo fisico ancorato alla dimensione materiale della Terra.

---

[26] " E quando pregate, non siate come gli ipocriti che amano pregare stando ritti nelle sinagoghe e negli angoli delle piazze, per farsi notare dagli uomini. In verità vi dico: hanno già ricevuto la loro ricompensa." Mt 6,5.

ma come si fa
ad entrare nella stanza
segreta?

Non vorrei dare delle indicazioni troppo specifiche: ognuno può sperimentare come isolarsi per un po' di tempo, come placare in modo tranquillo e privo di ansie i pensieri e i sentimenti collegati al mondo esterno. Per chi vuole, solamente alcuni suggerimenti frutto di esperienze.

E' utile trovare un posto tranquillo, privo di particolari rumori, e mettersi in una posizione comoda. seduti o comunque con la schiena dritta in direzione del cielo. Chiudiamo gli occhi e facciamo silenzio dentro di noi, cerchiamo di allontanare dolcemente i pensieri della vita che ci ha avvolto fino a quel momento. Lasciamoli passare come nuvole nel cielo, spinte dal vento. Una volta placata la nostra mente, possiamo provare a visualizzare una luce che splende sopra di noi, e che poi lentamente facciamo entrare dentro di noi, prima nella testa, e poi nella zona del cuore. Questa luce illumina la nostra strada e ci conduce scalino dopo scalino in una scala che scende nella nostra interiorità, dove, come dice il Cristo, c'è una stanza segreta. Entriamo, guardiamoci intorno con calma e chiudiamo la porta. Ora assaporiamo la sensazione di essere in un posto nel quale le nostre maschere quotidiane non contano nulla, nel quale non bisogna fare niente per esistere; nel quale possiamo abbandonarci, lasciarci persino respirare dalla vita che ci attraversa, e che manifesta in noi il mondo spirituale. Siamo in luogo familiare, amichevole, confortevole, dove possiamo aprire il nostro cuore ed eliminare tutte le contrazioni. Ora possiamo lasciar fluire la luce divina che dall'alto entra in noi, illumina di una luce calda la nostra mente ed il nostro cuore e attraverso le nostre braccia si diffonde nel mondo. Qui possiamo sentirci come eravamo da bambini: pieni di meraviglia per le cose belle e buone che ci possono arrivare dalla dimensione spirituale. Ed ora, solamente ora, pregare: parlare agli esseri del mondo spirituale, con le nostre parole o con le formule sacre che il cielo ci ha trasmesso. O anche solo con l'apertura cosciente del nostro cuore.

Ognuno può giungere nello stesso posto come vuole, seguendo le proprie esperienze, o le tecniche di una delle tante tradizioni spirituali del mondo. L'importante è, prima di parlare con il cielo, di ritrovarsi lì, nell'intimità della nostra camera segreta, dove le distrazioni e le tensioni della vita non ci possano confondere. E allora il mondo spirituale, che "vede nel segreto, ti ricompenserà".[27]

Infatti, quando si è nella camera segreta possono capitare molte cose positive: la preghiera ha un più accentuato effetto benefico su di noi, e se è corretta trova maggiori e più immediate risposte. E' per noi l'apertura massima, e gli esseri del mondo spirituale ce lo confermano inviandoci risposte evidenti nei giorni successivi. Ma a volte anche durante lo stesso dialogo nell'intimità della stanza: possono arrivare immagini, ispirazioni, anche intuizioni su come muoverci in certe situazioni della vita. Per ognuno una esperienza differente, per ognuno un diverso dialogo con le proprie guide spirituali. A seconda del nostro

---

[27] Mt. 6,6.

grado di apertura e di coscienza e in base alle nostre esigenze.

Queste esperienze fatte nella camera segreta avranno una tonalità, un sapore, un suono ed un colore particolari, che ci rimarranno impressi nell'animo, come *sentimenti*. Saranno dei sentimenti particolari, ben precisi, che potremo ritrovare. Anche quando saremo fuori dalla stanza, immersi nella vita attiva... anche quando la connessione con il mondo spirituale sarà apparentemente staccata per la nostra coscienza, i sentimento impressi in noi dell'esperienza che abbiamo provato saranno ormai dentro di noi.

Man mano che si farà l'abitudine ad entrare nella stanza segreta con lo stato d'animo giusto, si produrrà in noi una capacità di trovarci al suo interno in modo sempre più rapido e stabile. Diventeremo più bravi a farlo, anche in mezzo a situazioni nelle quali non ci possiamo permettere di isolarci completamente, o non abbiamo molto tempo. Basterà ricollegarsi a quei *sentimenti* forti e così particolari che abbiamo sentito nella camera segreta. Riprovare in noi quei sentimenti sarà la strada sicura ed efficace per ritrovarsi rapidamente nella condizione giusta.

In questo modo le possibilità di un intenso dialogo con il mondo spirituale aumenteranno. E avremo la possibilità di vivere sempre di più su una frequenza maggiormente elevata, che ci consentirà di affrontare meglio le piccole e grandi tempeste della vita. Un elemento di luce si sarà stabilmente introdotto in noi attraverso l'apertura, lo spazio che noi gli avremo fatto nella stanza segreta... E questo pezzo di cielo ce lo porteremo con noi, come uno strumento divino per darci forza nella vita di tutti i giorni.

Quando sentiremo che la sua "carica" si sta esaurendo, basterà tornare nella camera, nella "dispensa", come non a caso letteralmente la chiama il Cristo.

Per rifornirci, come ad un distributore di carburante spirituale...

il Segno della Croce

nel Nome del Padre,

del Figlio

e dello Spirito Santo,

Amen

Nel mondo cristiano lo facciamo sempre di meno. Prima era molto più facile vedere qualcuno compiere questo gesto per i più vari motivi. E comunque chi ancora "si segna" con la croce lo fa in modo spesso frettoloso: un'incombenza da assolvere prima di mangiare o di dire le preghiere, entrando in chiesa, di fronte ad una tomba, o altro. In taluni casi perfino come gesto scaramantico, come forma di scongiuro...

Ma ormai, anche per il segno della croce, la nostra coscienza vuole capire: non vuole più compiere gesti che le sembrano inutili. Si fida sempre di meno dell'istinto del cuore e vuole dalla mente delle risposte ragionevoli.
Cerchiamo di vedere se è possibile trovare un senso maggiormente soddisfacente a questa preghiera.

Proviamo a seguire il percorso indicato dal Cristo: prima entriamo nella camera segreta, poi facciamo il segno della croce e vediamo cosa succede. E poi vediamo se le conoscenze della scienza dello spirito, come sintesi delle grandi tradizioni esoteriche, ci aiutano nel nostro compito di presa di coscienza.

Nel corso di alcuni seminari, abbiamo proposto questo percorso ai partecipanti, in modo che ognuno per suo conto potesse verificare quello che accadeva, e sentire le esperienze degli altri. Abbiamo quindi iniziato con una meditazione che ci aiutasse a scendere nella "stanza segreta", abbiamo chiuso la porta dietro di noi, creato spazio nella nostra interiorità, e poi abbiamo fatto il segno della croce, con molta calma e quiete, e pronunciato la formula relativa.

La maggior parte dei partecipanti non era ancora a conoscenza delle conoscenze di scienza dello spirito e delle varie interpretazioni esoteriche del segno della croce, e quindi non aveva condizionamenti interpretativi.

Per ognuno, facendo il segno della croce in quello stato meditativo, sono o non sono accadute delle cose, e varie persone hanno riportato di aver provato determinate esperienze. Ne cito alcune:

- la sensazione di due assi che si incrociano, uno verticale, spirituale, che va verso il Cielo o dal Cielo viene verso la terra; ed uno orizzontale, che ha a che fare con le realtà della Terra;
- un senso di protezione, di quiete, di mancanza di ansie e di paure;

- un senso di grande benessere, fisico e dell'anima;

- il sentimento di aver compiuto una auto-benedizione;

- una particolare attivazione, perfino brividi, al copro ed alle braccia;

- un calore o una luce nel petto, o sulla fronte;

- una particolare attivazione dei punti toccati dalla mano.

Per chi ha già approfondito alcune conoscenze spirituali, risulta evidente che queste immagini, queste sensazioni, questi sentimenti, non sono fantasie, ma manifestazioni di vere e proprie realtà spirituali. Che sono proprie del simbolo della croce, e specificamente del segno della croce. Alle quali ci apriamo se siamo nella giusta condizione meditativa. Sono forze ed energie che vengono convogliate e attivate dalla formula e dal gesto del segno della croce. Anche se noi non sappiamo esattamente di cosa si tratta.

Quando poi aggiungiamo a questi fenomeni spirituali la nostra coscienza dei significati più profondi del gesto e delle parole, allora stabiliamo un canale di comunicazione ancora più forte tra noi e le realtà del mondo spirituale.

Vediamo ora quali potrebbero esser le realtà spirituali che si sono manifestate durante l' "esperimento" citato, che ognuno può provare per suo conto.

Il simbolo della croce esprime sinteticamente le due dimensioni nelle quali viviamo:

quella spirituale, il segno verticale. Per dialogare con il Cielo bisogna rivolgersi a dimensioni superiori;

e quella della realtà materiale, terrena, il segno orizzontale. Per fare le cose sulla Terra bisogna muoversi in orizzontale.

E' da un certo punto di vista il simbolo della figura umana, eretta come una antenna che si protende dalla Terra al Cielo, a cogliere le "trasmissioni", gli influssi cosmici spirituali, e dotata della dimensione orizzontale delle braccia protese nel lavoro sulla materia.

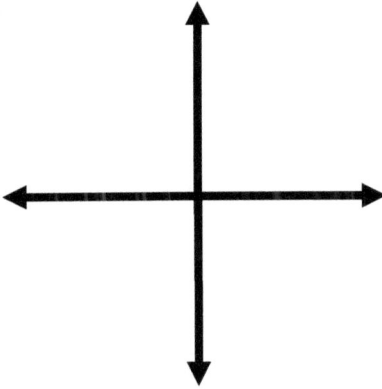

Da un altro punto di vista esprime le due caratteristiche di ogni essere umano, quella maschile e quella femminile. Quella femminile, orizzontale, è il mondo della natura, meravigliosamente bella e saggia, e quella maschile, verticale è lo spirito che entra in questo meraviglioso, divino mondo femminile, per generare cose, situazioni e creature sulla spinta dell'amore.[28] Un elemento maschile e

---

[28] Nelle tradizioni spirituali cristiane, sentite soprattutto nel medio Evo, il femminile in noi trovava

femminile che sono entrambi in ognuno di noi, in proporzioni per ognuno differenti e sovente in modo non equilibrato.

Le due coppie di dimensioni, spirituale e materiale, femminile maschile,, sono contemporaneamente in noi e fuori, negli altri, nella natura e nel cosmo. Noi viviamo dentro di noi e nella nostra vita lo sdoppiamento, la separazione, lo squilibrio tra queste due direzioni. Ma nella croce le due dimensioni hanno un punto di incontro e di contatto: il centro della croce. Il centro della croce umana è il cuore, l'organo dell'amore.

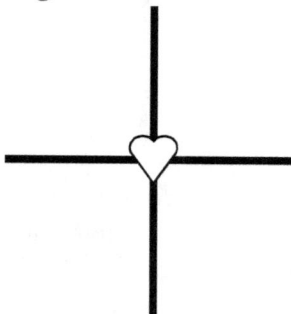

---

il suo modello, la sua realtà spirituale esterna, nella Sofia, nel divino femminile rappresentato dalla Madonna, o dalla Beatrice dantesca. Mentre il maschile in noi aveva il suo modello spirituale nel Cristo, nell'essere dell'amore che portava il principio maschile, il seme di un nuovo mondo spirituale, sulla Terra. Raffigurato spesso nella sua fase iniziale di crescita come il bambino nelle braccia della Madonna.

La croce è proprio il simbolo cristiano per eccellenza, perché il Cristo è, secondo le migliori tradizioni spirituali cristiane, l'Essere dell'Amore, venuto a portare nei nostri cuori la capacità di armonizzare e ricongiungere nell'Amore le dimensioni separate che convivono dentro di noi.

Questo è uno dei modi di intendere la croce, e questa realtà spirituale è emersa spontaneamente, come abbiamo menzionato, durante la meditazione.

Tante culture e religioni antiche hanno usato il simbolo della croce, in tutto il mondo, anche prima della venuta del Cristo.

Gli egiziani ad esempio, adoperavano un certo tipo di croce, - l'ankh, o croce ansata – come simbolo-chiave del passaggio tra il Cielo e la Terra. Secondo Daniel Meurois Givaudan, il gesto della croce ansata, compiuto dai sacerdoti egizi, aveva importanti proprietà di guarigione.

La croce egiziana era un po' differente da quella cristiana, in quanto era una croce che faceva precisamente riferimento ad una realtà spirituale prima della venuta del Cristo. Infatti il mondo spirituale, rappresentato dalla parte tondeggiante, era sopra il mondo terreno, era sopra l'uomo; l'uomo riceveva dal monto spirituale, ma non aveva ancora vere e proprie potenzialità divine, di rapporto libero e autonomo con il mondo spirituale.

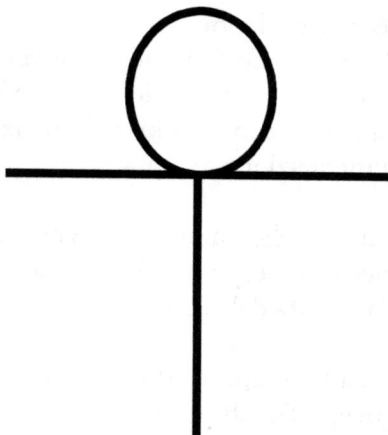

Quando il Cristo poi entra nella dimensione terrestre, e quindi nel cuore della Terra e di ognuno di noi, allora è come se quel cerchio solare fosse entrato dentro alla croce, dentro ai quattro elementi della materia e alla nostra natura, modificando la situazione.

L'elemento di luce ed amore puro del Cristo, entrando nel nostro cuore, ne ha sollecitato una vibrazione nuova e particolare, dandoci la forza nuova, finalmente autonoma e del tutto umana, di salire verso il cielo, e di formare il braccio verticale superiore. Quello di comunicazione reale, in qualche modo paritaria, con gli esseri del mondo spirituale. E con quel braccio nuovo abbiamo acquistato la possibilità di "tirare giù" dal cielo le intuizioni necessarie per operare spiritualmente nella dimensione materiale.

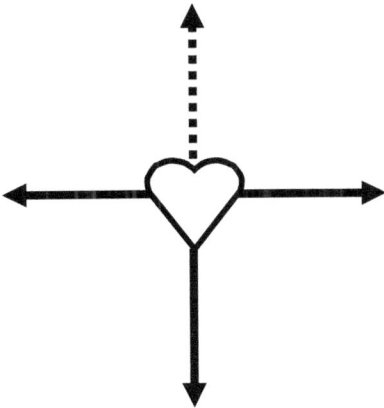

Gli ambienti dei primi cristiani nord-europei avevano afferrato talmente bene questa realtà spirituale che la loro cosiddetta "croce celtica" evidenziava in modo chiaro come l'essere solare, il Cristo, si fosse posto nel cuore della nostra croce, rafforzando dall'interno le nostre capacità di agire in modo illuminato e riscaldato dall'amore.[29]

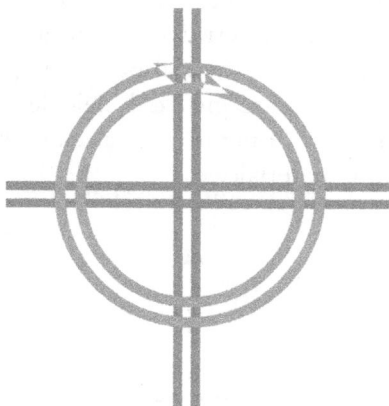

La croce esprime tradizionalmente anche i quattro elementi di cui è composta la Terra e lo stesso uomo: Acqua, Terra, Aria e Fuoco. Per

---

[29] Secondo le tradizioni esoteriche cristiane, il Cristo ha la sua manifestazione visibile nel Sole. Che guida l'evoluzione del nostro sistema e degli uomini, E che dona con amore disinteressato luce e calore, che sono parti di sé - a tutti, con un amore senza limiti e senza distinzioni. Rudolf Steiner e M.O. Aivanhov ne hanno parlato diffusamente nelle loro conferenze e nelle loro opere.

Acqua si intende tutto ciò che è liquido; per Aria tutto ciò che è allo stato aeriforme; per Terra tutto ciò che è solido e per Fuoco tutto ciò che è calore. Ma la croce rappresenta anche i quattro elementi inferiori di cui siamo fatti, vale a dire il corpo fisico, il corpo eterico, il corpo astrale e l'io ordinario. Questi sono i nostri elementi mortali.

E' questa *la nostra croce*, la croce della dimensione terrena, alla quale siamo "appesi" nel corso della vita.
Ma, come abbiamo visto, siamo fatti anche di tre elementi superiori, divini, in fase di sviluppo: *atma* o Padre, *buddhi* o Figlio, e *manas*, o Spirito Santo. Che sono immortali e connessi ai principi divini cosmici dello stesso tipo.

Quando, anche pregando nel modo giusto, ci colleghiamo al Cielo, ci apriamo a quelle qualità superiori, divine, che entrando in noi, ci consentono di elevare e trasformare positivamente le nostre quattro qualità inferiori. Ci consentono di "redimere la nostra croce". Di cominciare a "risorgere dalla materia". In pratica portiamo un elemento superiore, ternario, nell'elemento quaternario inferiore.

Portiamo il tre nel quattro.

Portiamo il piano divino a realizzazione sulla Terra.

Questo è proprio quello che evochiamo facendo il Segno della Croce: **con il gesto** tracciamo le due direzioni, separate, dello spirito e della materia, del maschile e del femminile, e la dimensione dei **quattro** elementi terrestri e della nostra natura inferiore. E **con le parole** portiamo nella croce della nostra vita i **tre** principi divini del Padre, del Figlio e dello Spirito Santo.

Che fanno risuonare in noi, che portano luce ed alimento ai principi spirituali superiori ancora in embrione dentro di noi: Atma, Buddhi e Manas.

In precedenza abbiamo anche visto cosa significano nel grande piano divino questi tre principi del Padre, del Figlio e dello Spirito Santo.

Con una piccola formula, il Segno della Croce, ci poniamo al centro del rapporto tra enormi forze cosmiche e la nostra interiorità.

Quando diciamo:

> "nel nome del Padre,
> del Figlio
> e dello Spirito Santo",

stiamo in effetti dicendo che quello che stiamo vivendo o stiamo per vivere vogliamo si inserisca armoniosamente nel quadro generale del progetto divino. Quel grande disegno creativo dal Padre, al Figlio, allo Spirito Santo. Dalla sua origine fino ad oggi, e da oggi verso il futuro. Che noi sappiamo e sentiamo che è proprio così e vogliamo che questo disegno di trasformazione entri nella nostra carne, nella nostra vita quotidiana e nella materia che ci circonda. E noi come uomini, come dèi in crescita, facciamo la nostra parte per farci canali sulla Terra di questo disegno: in quella azione che stiamo per compiere, op in quelle preghiere che stiamo per recitare, **portiamo il tre nel quattro**. Il Cielo in Terra. I principi divini cosmici, attraverso gli stessi principi divini in noi, ad operare qui per spiritualizzare noi e la Terra con tutti i suoi esseri. Per aiutare gli altri nel loro processo di spiritualizzazione.

E questo lo possiamo fare "facendoci preghiera", nel nostro comportamento di tutti i giorni.

Quando facciamo il segno della Croce evochiamo anche un altro elemento importantissimo: i principi divini che portiamo in noi li mettiamo in comunicazione con le facoltà principali della nostra anima. Che sono il *pensare*, il *sentire* ed il *volere*.

E lo facciamo:

- *toccando e attivando la fronte*, che rappresenta il pensiero, il sesto chakra, nel nome del Padre creatore supremo di tutto quello che esiste e del piano di evoluzione;

- *toccando e attivando il cuore*, che rappresenta il sentire, il quarto chakra, nel nome del Figlio, l'Essere dell'Amore puro, disinteressato; e

- *toccando e attivando le spalle*, da dove partono per l'azione le braccia, nel nome dello Spirito Santo, che è l'azione che spiritualizza.

E allora è come se col segno della croce dicessi anche che in quello che mi accingo a fare:

*porto sulla Terra
pensieri divini attraverso il mio pensare,
amore divino attraverso il mio cuore,
azioni divine attraverso le mie membra.*

E quando nell'Amen ricongiungiamo istintivamente le mani, con le parole è come se ponessimo un sigillo su questo impegno: Amen significa sia "cosi è", che "così sia". E con il gesto riunifichiamo in questa certezza la destra e la sinistra, tutto quanto si è apparentemente sdoppiato in noi e nella creazione: lo spirito e la materia, il maschile ed il femminile.

Ma le parole ed il gesto hanno anche un effetto che va al di là della nostra coscienza. Col Segno della Croce facciamo dei gesti che hanno una loro forza "soprannaturale", che descrivono e richiamano le forze del Cielo e della Terra, e diciamo delle formule che fanno vibrare in noi corde nascoste. Tutte le sette corde della nostra natura vibrano comunque suonate dai tre principi divini da cui tutte e sette derivano. E questo crea in noi una elevazione vibratoria: solleviamo la nostra tonalità, portiamo luce protettiva in noi, che tiene lontana l'ombra.

Quante cose meravigliose in un piccolo gesto!

Quanto meno frettoloso è il Segno della Croce, e quanto più è meditato, cosciente, sentito con la mente ed il cuore, tanto più può costituire, in modo ancora maggiore che in passato, una potente chiave di unione tra la nostra dimensione terrestre e quella divina.

Ed ogni tanto una "pillola" di luce e di protezione per la nostra vita… Una boccata di ossigeno spirituale per riprendere fiato…

il Padre Nostro

Padre nostro
che sei nei cieli,

sia santificato il tuo nome,

venga il tuo regno,

sia fatta la tua volontà
così in cielo come in terra.

Dacci oggi il nostro pane
quotidiano,

rimetti noi i nostri debiti,
come noi li rimettiamo
ai nostri debitori,

e non ci indurre in tentazione,

ma liberaci dal male

Amen

Il quadro di conoscenze che abbiamo delineato in precedenza fornisce un valido aiuto per cominciare ad approfondire i significati di questa preghiera. Steiner afferma che l'originale in aramaico aveva una forza del tutto particolare, che toccava profondamente le corde della nostra costituzione. E comunque che determinati effetti vengono prodotti anche dalla versione greca, e poi da quella latina. E comunque dalla stessa sequenza dei concetti.

Il Padre Nostro è la preghiera che abbraccia tutti i significati più profondi della natura e dell'evoluzione umana. Quando lo pronunciamo ci mettiamo in contatto attivo con la frequenza vibratoria dei principi e delle leggi che regolano e illuminano la creazione, l'evoluzione, il senso della nostra vita, i rapporti con noi stessi e con gli altri, il nostro futuro come individui e come umanità.
Rivolgendosi al Padre che è nei cieli, questa preghiera -fatta di **sette invocazioni** – tocca e fa vibrare tutte e sette le corde della costituzione umana. Comincia con quelle superiori immortali (manas, buddhi e atma) e

poi passa a quelle inferiori mortali (corpo fisico, corpo eterico, corpo astrale e io ordinario), Il Padre Nostro è un ricollegarsi ai principi superiori divini da cui derivano i principi che sono in noi, per riallinearli alla purezza ed all'autenticità del progetto originario. Attraverso le nostre parole facciamo in modo che il mondo celeste, "accordi" sulla tonalità giusta le corde del nostro strumento.

Questa preghiera, così come tutte le preghiere o i mantra fondamentali donati all'Umanità, ha di per sé un profondo effetto illuminante e protettivo. Che aumenta in base all'apertura del nostro cuore, allo stato meditativo nel quale ci troviamo, e man mano che vi introduciamo elementi di coscienza e di comprensione.

Esaminiamo il testo una frase dopo l'altra.

Padre nostro

Ci rivolgiamo a te che sei per amore il padre di tutti noi.

E' con le facoltà che il Cristo ha attivato dentro di noi che siamo diventati dèi in potenza, figli del Padre, come Lui. E finalmente gli uomini hanno potuto cominciare a rivolgersi a Dio come ad un Padre. Siamo fatti della sua stessa sostanza, dei suoi stessi principi, e come abbiamo visto siamo sul cammino per diventare Padri a nostra volta. Non è solo un creatore lontano, estraneo alle proprie creature, a volte tirannico, ma un Padre amoroso e comprensivo. Il Padre è "nostro" perché ci rendiamo conto che è il padre di tutti noi, non di un solo figlio, ma di tutta l'"immagine" che lui ha voluto vivificare per amore. Usare il "noi" in questa preghiera è il riconoscimento da parte di ognuno che l'Umanità è un organismo che deve crescere tutto insieme.

che sei nei cieli,

Che non sei una entità astratta, o un idolo di pietra, o un elemento terreno, ma

che riconosciamo ovunque, in tutte le molteplici dimensioni della creazione.

sia santificato il tuo Nome,

Siano riconosciuti santi, divini, tutti gli esseri (il "Nome") *della creazione.*

Si sviluppi il nostro **Manas**, quella parte di noi che riconosce a colpo sicuro tutti gli eventi e gli esseri che ci circondano come manifestazioni dello spirito e del piano divino. E lo può fare sempre, in tutti i passi della nostra vita quotidiana. Rendendosi conto costantemente della realtà spirituale del "Nome": di tutto ciò che è stato creato dal flusso divino.

venga il tuo Regno,

Fluisca ovunque il Regno,

l'insieme delle correnti divine di amore e
di luce che danno esistenza e vita alla
creazione divina. E che questo fluire non
si fermi sulla soglia del nostro cuore, ma
scorra dentro di noi, accolto dalla nostra
apertura d'amore. Che noi ci facciamo
Buddhi, puri canali di amore creativo,
nei nostri rapporti con chi ci circonda.

sia fatta la tua Volontà,
come in Cielo così in Terra,

*Che la capacità creativa cosmica della tua Volontà
piena d'amore diventi anche nostra sulla Terra.*

Che diventiamo **Atma**, creatori sulla
Terra - che è il campo della nostra
responsabilità - di fatti, situazioni,
pensieri, che liberamente entrano nel
grande disegno divino, e che
moltiplicano la creazione di luce ed
amore. Che lo facciamo creando

situazioni di luce ed amore nel nostro quotidiano.

dacci ogni il nostro pane quotidiano,

Che il nostro **corpo fisico** *riceva costantemente il nutrimento di cui ha bisogno.*

Il corpo fisico è in un processo di continuo interscambio atomico e subatomico con il resto della Terra, e di questo sano metabolismo abbiamo bisogno come supporto fondamentale per le attività della nostra anima e per l'evoluzione del nostro Io.

rimetti a noi in nostri debiti come noi li rimettiamo ai nostri debitori,

Ripara con un flusso d'amore le falle (i debiti) *del mio* **corpo eterico-vitale**, *così come noi con amore accettiamo ed in tal modo aiutiamo a risanare, i difetti* (i debiti) *del corpo eterico delle persone che ci circondano.*

Mentre il *corpo astrale* è il portatore delle esperienze di dolore, di piacere, delle gioie, degli impulsi e delle passioni in genere, il *corpo eterico* ha impressi in sé gli aspetti più duraturi, come il temperamento, le abitudini, le tendenze tipiche del nostro carattere. I difetti del corpo eterico (che nel linguaggio esoterico cristiano si chiamano "debiti") sono più difficili da correggere di quelli del corpo astrale, e richiedono un notevole sforzo. Sono elementi che tendono ad essere maggiormente durevoli. Sono in genere quelli che abbiamo ereditato nella nostra famiglia, insieme al nostro DNA. Così come sono durevoli gli elementi che derivano dal fatto di essere nati in una certa nazione, in un certo popolo, in un certo tempo. Questi stessi elementi sono in genere comuni a gruppi di persone e le aiutano a convivere, sono una sorta di linguaggio comune che li fa sentire a loro agio insieme, e che facilita la loro convivenza.

Gli uomini comunicano e si comprendono soprattutto attraverso questi elementi del corpo eterico. Quello che invece tende a separarci sono le caratteristiche prettamente individuali del corpo astrale, maturate attraverso quel mondo interiore personale ed unico che è l'anima.

Se dunque commettiamo un errore o abbiamo un difetto - un debito - nell'ambito del nostro corpo vitale, questo si riflette immediatamente in modo negativo nei nostri rapporti sociali. Manchiamo ai doveri sociali di una armoniosa coesistenza. Se ad esempio certi aspetti del nostro temperamento o certe nostre abitudini sono difficili da sopportare, o certe tendenze del nostro popolo o della nostra famiglia si esprimono in noi in modo violento, o estremo, questi sono difetti che ci creano problemi nei rapporti con gli altri. E non sono affatto facili da correggere.

Se ci mettiamo con amore in una disposizione d'animo aperta, se lasciamo fluire il nostro amore in direzione dell'accettazione dei difetti degli altri intorno a noi, ci apriamo talmente da consentire al flusso d'amore del mondo spirituale di scorrere dentro noi e di smuovere gradualmente anche i nostri "blocchi-debiti eterici". Il nostro amare ed accettare (rimettere) i difetti degli altri, lavora di per sé, con l'aiuto divino, a trasformare sanandoli (rimettendoli) anche i nostri difetti. Siamo una canale d'amore, la cui consistenza e le cui prestazioni migliorano se ci apriamo col cuore verso gli altri. Atteggiamenti d'amore e di comprensione verso i difetti degli altri ci aiutano in modo determinante a trasformare, a riparare i nostri difetti. Questi in fondo non sono altro che "contrazioni" nella nostra capacità di amare, che noi solo amando possiamo sciogliere.

I difetti sono anche debiti nel senso di debiti karmici, che vanno risolti (rimessi), e quelli degli altri ci si pongono davanti perché noi li riconosciamo e diamo una mano a scioglierli con intelligenza e amore. E così facendo possiamo compensare anche i nostri debiti.[30]

Con questa invocazione chiediamo al Padre di aiutarci in questa difficile opera. Sapendo che se non accettiamo e comprendiamo, e persino amiamo i debiti degli altri, i loro difetti, Dio ci mostrerà certamente cosa significa non

---

[30] Per un approfondimento del tema dei debiti karmici, e del ruolo dell'amore, vedi il libro "*Cos'è il karma?*", dello stesso autore, edizioni Il Ternario, marzo 2005.

vedere accettati, compresi e amati i nostri debiti, i nostri difetti.

e non ci indurre in tentazione,

Aiutaci a non cadere preda degli impulsi più bassi del **corpo astrale**.

Cadere in tentazione significa fare qualcosa che va incontro ai desideri delle parti inferiori della nostra anima. Significa indirizzare le proprie energie soprattutto al compiacimento degli impulsi derivanti dai sensi, invece che al flusso d'amore che passa in noi per uscire dal nostro cuore arricchito dalla nostra personale creatività. Significa sbilanciare il nostro copro astrale verso il basso, bloccare quell'evoluzione che un giorno dovrebbe portarlo a trasformarsi in **manas**.

ma liberaci dal male.

E aiutaci a liberare il nostro io dal veleno dell'egoismo.

E' l'egoismo il male per **il nostro io**: bloccare le correnti d'amore che scorrono in noi, per contrarle dirigendole solamente al compiacimento del nostro io ordinario. Questa interruzione del flusso crea una stagnazione, una deviazione della corrente d'amore che diventa veleno per il nostro io. Che lo allontana dalla sua missione sulla Terra.

I "debiti" sono il male del corpo eterico, le "tentazioni" sono il male del copro astrale, e l'"egoismo" è il male per il nostro io. L'amore cosciente, che scorre da Dio verso di noi e da noi verso gli altri è l'unica cura per tutti questi mali.

Amen

Così è: lo comprendiamo nel nostro presente.
Così sia: a questo vogliamo conformare la nostra vita futura...

Queste sette invocazioni lavorano su di noi mentre le recitiamo e le meditiamo, esprimono il passato, il presente ed il percorso davanti a noi. Sono la musica con la quale possiamo suonare le nostre sette corde con l'aiuto del mondo spirituale, nel modo più armonioso possibile. Ed in ogni epoca del nostro sviluppo c'è una melodia diversa, che tocca pii certe corde che altre. Noi dobbiamo imparare a conoscerla e ad eseguirla meglio possibile, per prepararci adeguatamente alla melodia successiva. Che sarà più bella, ma anche più difficile da suonare.

Se prima, al principio dell'evoluzione, queste nostre corde venivano suonate quasi solamente dagli dèi, ora tocca sempre più a noi di suonarle, per imparare noi gradualmente ad essere dèi, creatori di melodie nuove. Noi ora, con la "quarta corda", la dimensione dell'io, stiamo iniziando a suonare con maggiore coscienza soprattutto la "terza corda", quella del'anima. Possiamo anche dire che quello che si esprime etericamente nel quarto chakra - quello del cuore - suona il terzo chakra, quello dell'emotività, dei rapporti con gli altri e con il mondo. E per farlo bene deve collegarsi con i tre principi divini, e nella nostra epoca in particolare con la "quinta corda", il Manas, la nostra coscienza superiore.

Nella nostra epoca il campo d'azione è soprattutto il corpo astrale. Dove la nostra coscienza ha il compito di spiritualizzare ed elevare l'anima che sente, il regno delle passioni e degli impulsi derivanti dai sensi.

Si tratta di un compito quotidiano, che ci viene incontro in tutto quello che ci capita. A noi tocca il difficle impegno di osservare con attenzione, in ogni momento, tutte le nostre reazioni impulsive a tutto e a tutti quelli che ci circondano ed hanno a che fare con noi; e quindi di riflettere, di introdurre con amore il nostro cuore e la nostra mente in questo processo di coscienza, fino a ricevere dal monto spirituale le giuste ispirazioni ed intuizioni. Per sapere quello che possiamo o dobbiamo fare della nostra vita.

Il contatto costante con il mondo spirituale, sotto qualsiasi forma, ci dà un aiuto indispensabile in questa direzione. Una preghiera come il Padre Nostro è uno strumento molto valido per collegarci rapidamente alle qualità divine superiori e riceverne forza. Se sentiamo strane nebbie o presenze oscure dentro ed intorno a noi, è una meravigliosa torcia per riportare luce e diradare le ombre.

iI Gloria

Gloria al Padre,

al Figlio

e allo Spirito Santo

come era in principio,

ora e sempre,

nei secoli dei secoli

Amen

Dicendo *"sia gloria a...."*, intendiamo auspicare che sia riconosciuta in tutta la sua grandezza l'opera o la personalità di qualcuno. Ed anche che questa opera si realizzi pienamente. Rivolgendo questo "gloria" al mondo divino, vogliamo in pratica dire:

"Sia riconosciuto - ed anche noi lo facciamo - in tutta la sua grandezza e pienezza il piano divino nel quale siamo immersi. Che questo meraviglioso progetto si realizzi pienamente, con la coscienza di tutti, nelle sue grandi articolazioni. Nei suoi tre grandi aspetti dell'opera del Padre, del Figlio e dello Spirito Santo."

Di queste qualità cosmiche abbiamo già parlato, ed abbiamo evidenziato come i tre volti della divinità, rappresentati dal triangolo, corrispondano anche agli stessi elementi divini in embrione dentro di noi. La realizzazione piena in noi del Padre, del Figlio e dello Spirito Santo, è quando anche in noi si saranno sviluppate queste qualità divine come manas, buddhi e atma.

Nel "Gloria" riconosciamo questo grande progetto che riguarda non solo il cosmo, ma anche noi nel profondo della nostra natura.

Pronunciando le parole di questa preghiera ci colleghiamo ad esso, alle qualità luminose dei suoi tre principi, ci immergiamo nella cascata d'amore che sgorga dalla volontà del Padre, fluisce attraverso il Figlio e si realizza negli esseri dello Spirito Santo.

Recitare il Gloria è attivare in particolare i muscoli ancora deboli del nostro Manas in crescita: la nostra capacità di riconoscere il divino in tutti gli eventi ed in un tutti gli esseri che incontriamo nella vita.

E quando diciamo "gloria", in questa parola possiamo anche intendere: "si realizzi attraverso di me" il disegno divino. Un impegno con sé stessi a dare gloria, realizzazione al piano del Padre nei pensieri, nei sentimenti e nelle azioni della nostra vita quotidiana. Dalle più importanti alle più umili, alle più semplici.

Cercare la "gloria" del piano divino significa volerlo applicare alla nostra vita quotidiana, al modo di affrontare gli eventi, ai rapporti con gli altri. Significa chiedere luce al mondo spirituale per orientarci nella vita che abbiamo di fronte. Il Gloria non è solamente il riconoscimento del piano divino al livello cosmico esterno a noi, ma può essere soprattutto la richiesta di aiutarci ad imprimere

nel nostro quotidiano quello che è insito nei tre
principi del Padre, del Figlio e dello Spirito
Santo: la volontà di amare gli altri trasformata
in azioni che creano il bene, il fluire dell'amore
saggio verso chi ci circonda, le intuizioni
ispirate dall'amore che ci fanno sapere cosa fare
nella direzione giusta.

Durante la meditazione, pronunciando le
parole di questa preghiera nella nostra *camera
segreta*, possiamo anche trovarci immersi nella
"gloria" di una grande luce, che attiva in modo
particolare il nostro pensiero - la testa -, il
nostro sentimento - il cuore -, e la nostra
volontà - le membra. Lo stesso, termine
"Gloria" è una vera e propria esplosione di luce
gioiosa.[31]

Nel dire poi "*come era in principio, ora e sempre, nei
secoli dei secoli*", facciamo un chiaro riferimento
alle epoche e sottoepoche della grande
evoluzione. Riconosciamo che il progetto
divino, nel quale siamo immersi, ed al quale
siamo chiamati a partecipare coscientemente, è
parte di una evoluzione luminosa, "gloriosa",

---

[31] Tanti grandi musicisti hanno colto questo aspetto di
esplosione di luce e di gioia nelle loro composizioni.
Un esempio tra tutti il "Gloria" nel Requiem di
Mozart.

che va ben al di là della nostra attuale vita terrena. Un processo che ci ha impegnato e ci impegnerà ancora in molte vite, in tante epoche ed in dimensioni differenti. E soprattutto prendiamo atto che il nostro presente è un passaggio importante, nel quale "sia gloria", si riconosca il senso di quello che ci viene incontro ogni giorno e come lo affrontiamo. Perché quello che facciamo ora, dando gloria, realizzazione, al piano divino, avrà effetti positivi per noi "*nei secoli dei secoli*". Così come quello che di buono abbiamo fatto in passato lo incontriamo nelle cose buone della nostra vita attuale.

l'Ave Maria

Ave Maria,

piena di grazia,

il Signore è con te,

tu sei benedetta tra le donne,

è benedetto il frutto del seno tuo,
Gesù.

Santa Maria,

madre di Dio,

prega per noi peccatori,
adesso e nell'ora della nostra
morte,

Amen

Questa è una preghiera rivolta al principio femminile, a quello divino, cosmico, presente nella natura saggia e amorosa, che accoglie i semi dello spirito, gli dà il terreno per crescere, li riscalda, li alimenta, li nutre amorosamente per consentir loro di diventare miriadi di nuovi esseri. E rivolta allo stesso divino femminile dentro di noi. Che è rappresentato dalla parte più elevata della nostra anima, l'*anima cosciente*, che ha in noi lo stesso compito del principio femminile cosmico. Accogliere, allevare amorosamente e far crescere il seme del nostro spirito, creando nell'anima le condizioni giuste. Fino a portarlo all' indipendenza, alla libertà, alla pienezza di un nuovo essere spirituale divino.

Cerchiamo di comprendere meglio il significato di questa preghiera frase per frase.

Ave Maria,

rallegrati anima mia!

Maria è l'anima umana, *l'anima cosciente* che, ha tutto il diritto di *"rallegrarsi"*[32] per la propria condizione. Il nostro spirito dice alla propria anima di stare allegra, perché tutto procede per il meglio.

piena di grazia

perché hai tutte le possibilità, tutti gli strumenti per farcela…

Il mondo spirituale, il Padre, ha dato alla nostra anima la "grazia": tutti i mezzi interiori necessari a svolgere il proprio compito. Vale a dire le forze del pensiero, del cuore e la volontà, che possono operare per la sua evoluzione durante la vita sulla Terra. E inoltre la "grazia" di un ambiente apparentemente esterno nel quale svolgere la propria missione. Nel quale nulla è casuale, ma

---

[32] Il termine greco che in latino è stato tradotto Ave, è "kaire", che significa letteralmente "rallegrati".

tutti gli incontri e gli eventi facilitano il compito dell'anima.

il Signore è con te

Dio, l'intelligenza della vita, tutto il mondo spirituale è con te

Non solo hai tutti gli strumenti giusti a disposizione, ma non sei sola: Dio e tutta le dimensione spirituale sono con te, per aiutarti nel tuo cammino. Per questo puoi rallegrarti, stare tranquilla e sentirti positiva.

tu sei benedetta fra le donne

proprio tu hai un compito tutto positivo, quello di far crescere dentro di te una coscienza nuova,

L'*anima cosciente* è quella parte più elevata delle altre parti dell'anima che è stata *benedetta*, alla quale è stato "detto", è stato impresso il compito positivo di fare il "bene" dell'uomo: purificarsi, prendere il controllo del corpo astrale e trasformarlo, per consentire l'ingresso e la crescita dell'*io spirituale*, della nostra

parte divina. Per consentire la nascita
nell' anima del nostro "bambino divino".

ed è benedetto il frutto del tuo seno, Gesù.

E questa coscienza nuova, sorta dentro di te, ha una missione superiore, divina.

Il frutto della missione dell'anima cosciente, che sorge dall'intimità dell'anima purificata, è il nostro spirito divino: l'*io spirituale*, al quale è stato "detto", è stato impresso il compito divino di fare il "bene" intorno a sé, creando attraverso l'amore illuminato da ideali superiori.

Santa Maria,

Quando finalmente realizzi questo compito trasformi l'anima in qualcosa di elevato, puro, immortale ed intoccabile.

Madre di Dio,

ed in te finalmente viene alla luce il mio essere divino,

Il successo della missione dell'anima cosciente trasforma gradatamente, vita dopo vita, tutta l'anima, tutto il corpo astrale, che diventa sempre di più la casa, la "Madre" che partorisce lo spirito realizzato, sceso sulla Terra. nel mondo. Parti sempre maggiori dell'anima diventano spirito, il nostro *io spirituale*.

prega per noi peccatori

E allora tu sei veramente in grado di rappresentare degnamente me e gli altri come uomini,
anche se abbiamo sbagliato in tante cose,

Questa nostra parte "santa" divenuta immortale, è l'unica parte vera, duratura di noi. Anche se continuiamo a sbagliare, questa parte già "divina", illumina il nostro cammino e "parla" – "ora" in latino – per noi, ci rappresenta in quanto è il nostro essere più autentico, non le maschere che indossiamo di volta in volta. E' lei che parla con il mondo spirituale, che è sulla stessa frequenza superiore.

adesso e nell'ora della nostra morte.

*E lo fai sia qui sulla Terra, durante la nostra
esistenza fisica, sia nel mondo spirituale,
nel tempo tra una vita e l'altra.*

Questo colloquio con il mondo spirituale
avviene durante la nostra vita, ed illumina
le nostre azioni sulla Terra. Ma continua
anche "nell'ora della nostra morte", nel
tempo tra una vita e l'altra, durante il
percorso nella dimensione spirituale.
Allora solamente quella parte di anima
che è diventata "santa" ci segue in questo
percorso, il resto si disperde. Solo quella
parte si ritrova in un "dialogo" con il
resto del mondo spirituale e diventa
stabilmente un elemento del nostro io
spirituale in crescita.

Amen

*E' proprio così… lo so!
E così voglio fare in modo che sia!*

l'Angelo di Dio

Angelo di Dio,
che sei il mio custode,

illumina,

custodisci,

reggi,

governa me

che ti fui affidato dalla pietà
celeste

Amen

Chi sono gli angeli custodi? Sono esseri spirituali di un gradino più in alto dell'uomo, sulla scala evolutiva. Esseri che hanno già raggiunto quello stato di coscienza che abbiamo in precedenza definito "Manas": la capacità di vedere, conoscere e comprendere il mondo spirituale, il progetto divino, e sentirsene completamente partecipi. Un angelo, come dice la parole greca "ànghelos", è un "messaggero": ci porta i messaggi di Dio, delle forme di coscienza più elevate del mondo spirituale. Diciamo che, essendo la forma di coscienza del mondo spirituale più vicina alla nostra, per noi è relativamente più facile riuscire a trovare una "frequenza" di dialogo comune. Con gli stati di coscienza più elevati questo diventa più arduo. E allora il mondo spirituale ha messo vicino a noi un essere del livello di coscienza dell'Angelo custode, che faccia in qualche modo da filtro, da interprete, da traduttore, di quello che viene dal mondo divino per noi. Uno dei suoi compiti è quello di fare in modo che, con i nostri mezzi ancora limitati, un po' alla volta cogliamo i messaggi e le manifestazioni del mondo spirituale.

Ognuno ha un proprio Angelo guida, che lo segue fin dall'inizio della propria evoluzione, che lo "custodisce", nel senso che fa in modo che tutto quello che ognuno di noi affronta nella vita sia quanto di meglio per favorire la nostra evoluzione. Nel farlo collabora con gli angeli custodi degli altri esseri umani, e con esseri spirituali di varie dimensioni, fino alle potenze spirituali più elevate, che a vario titolo entrano nel funzionamento del cosmo, della Terra, di tutti i suoi esseri, e dei vari aspetti della nostra vita e della nostra natura. Siccome è lo stesso angelo che è con noi dall'inizio del nostro cammino, è un essere spirituale con il quale c'è una grande intimità, anche se durante la vita non ce ne ricordiamo. Una intimità tale che spesso scambiamo le sue ispirazioni, che ci sorgono dentro di frequente, per pensieri nostri...

La preghiera dell'Angelo Custode esprime la umana ricerca di aiuto e di conforto. Le saggezza spirituale di chi in un lontano passato ha composto questa formula, ne ha fatto una richiesta molto precisa, piena di conoscenze spirituali[33], che fanno appello a realtà profonde:

---

[33] Il commento a questa preghiera si basa in gran parte sulle acute osservazioni fatte da Pietro Archiati sull'Angelo di Dio, nel libro "*Vivere con gli Angeli e con i Morti*". Edizioni Il Ternario, 2003, pag 66-69

quello che viene chiesto all'Angelo è di aiutarci in tutte le componenti della nostra natura.

Il ponte che si crea è tra noi e l'Angelo, nel suo agire da custode, da protettore, del nostro corpo fisico, di quello vitale o eterico, dell'anima e dello spirito. La preghiera è una richiesta molto precisa e articolata, e se la facciamo a partire da un giusto stato meditativo, può mettere in risonanza le varie parti della nostra natura con la coscienza superiore del nostro Angelo.

Cerchiamo di approfondirne il senso passo dopo passo.

Angelo di Dio che sei il mio custode,

Qui esprimiamo la coscienza di rivolgerci al mondo spirituale per chiedere aiuto nel nostro cammino, là dove noi non arriviamo; la coscienza che nel mondo spirituale il primo a sentirci, ed a trasmettere, ad amplificare i nostri messaggi, e a far giungere fino a noi le manifestazioni del piano divino, è lui: l'Angelo custode. Esprimiamo la fiducia nel rapporto con questo intimo amico nel mondo spirituale.

illumina,

Questa è una richiesta di luce spirituale per noi: qui chiediamo che l'apertura della nostra anima venga ricambiata dall'ingresso in noi della luce, la luce dello **spirito**. Che la parte più elevata di noi, lo spirito, riceva luce dai mondi superiori. Per portarci conoscenze della realtà spirituale e per fugare le ombre che sorgono nella nostra anima.

custodisci,

Lo spirito vive di luce, mentre l'**anima** è quella parte di noi che vive le tempeste emotive, sballottata dai desideri, dalle sensazioni di piacere o di dolore. L'anima è quella parte che ha bisogno di essere salvaguardata il più possibile dal dominio delle passioni, dei sentimenti oscuri e dei sensi. Qui chiediamo all'Angelo di aiutarci a "custodirla", al riparo da queste tempeste.

reggi,

Il **corpo vitale**, o eterico, è quella parte di noi che tiene in piedi ed in vita la struttura atomica di cui siamo fatti. Ha proprio una funzione di "reggitore" della nostra struttura, che plasma secondo le proprie linee di energia, dandogli la forma e le capacità di crescere e di riprodursi tipiche degli esseri viventi. La nostra vita e la nostra salute dipendono dalla qualità e dal vigore con i quali il corpo vitale "regge" la nostra struttura. Con questa precisa parola, chiediamo all'Angelo di aiutarci nel dare energia al nostro corpo eterico.

governa

il corpo fisico viene invece "retto", governato dalle strutture energetiche, dai corpi superiori. Altrimenti, lasciato privo di governo, seguirebbe le leggi della materia minerale, che non sono adatte alla nostra vita, ad ospitare la nostra anima e ad accogliere il nostro spirito. Questa è una richiesta di aiuto nel tenere sotto controllo, sotto "governo" il nostro corpo fisico.

me, che ti fui affidato dalla pietà celeste.

Qui riconosciamo il compito di guida del nostro angelo, ricevuto come missione dal mondo spirituale. Ma non una missione intellettuale, fredda, meccanica, bensì un compito d'amore. Questo è il significato della "pietà": l'amore divino che parte dal *Padre*, diventa flusso nel *Figlio*, e attraverso gli esseri dello *Spirito Santo*, tra cui anche il nostro angelo custode, diventa azioni d'amore verso chi ci viene affidato nel grande piano divino. Agli angeli custodi noi uomini, e a noi uomini la Terra con tutti i suoi esseri: animali, piante, minerali.

Amen.

l'Eterno Riposo

L'eterno riposo

dona loro, Signore,

e splenda ad essi la luce
perpetua

riposino in pace,

Amen

Una preghiera per i cari che ci hanno lasciato. Una preghiera che nasce da un impulso del cuore, che vuole che la persona che ha fatto parte della nostra vita non debba stare male nella nuova dimensione nella quale si trova ora. Ma che possa stare bene, e trovare la serenità.

Anche nelle parole di questa preghiera traspare una saggezza profonda, conoscenze precise di scienza dello spirito mediante le quali un antico iniziato ha messo insieme questa formula. Per fare in modo che nel pronunciarla entrassimo comunque in "risonanza" con elevate verità spirituali, anche se ancora non pienamente comprese.

Secondo le più genuine tradizioni spirituali, e secondo la scienza dello spirito, dopo la morte ci troviamo nel mondo spirituale senza il corpo vitale o eterico e senza il corpo fisico. Quello che portiamo con noi, con il nostro io, è l'anima, che ci segue così come era al momento della morte, con tutti i suoi pregi e difetti.

Con l'assistenza dei cari che ci hanno lasciato prima di noi, e con l'aiuto costante e amoroso delle nostre guide spirituali, inizia allora per noi un periodo di "purificazione". Quello che nella tradizione cristiana si chiama *Purgatorio*, ed in quella indiana *Kamaloca*.

Durante questo periodo riviviamo momento dopo momento, tutta la vita precedente. E lo facciamo a ritroso, dal momento della morte a quello della nascita. Ma il modo di riviverlo è differente da come lo abbiamo fatto sulla Terra: qui faremo esperienza di tutto quello che abbiamo fatto dal punto di vista degli altri intorno a noi. Sentiremo dentro di noi cosa abbiamo provocato nella interiorità degli altri con le nostre azioni, con i nostri atteggiamenti , con le nostre parole. Esattamente come lo hanno vissuto loro. Questo ci darà la misura precisa di quello che veramente abbiamo fatto, nel bene e nel male. Nello stesso periodo dovremo affrontare un'altra prova: quella di sentire accentuati dentro di noi tutti i desideri e le pulsioni - le"brame"- che derivavano dai sensi del corpo. E che ci tenevano ancorati alla dimensione della Terra. Ma durante la vita precedente avevamo il corpo per soddisfarli, mentre ora questo non è possibile: ci rimane il desiderio ora accentuato dei piaceri fisici, come un buon pranzo, un sigaro, del buon vino, un rapporto sessuale, o tante altre cose... Ora queste pulsioni "bruciano"[34] in noi, finché con il tempo non si esauriscono.

Alla fine di questo periodo di intensa attività dell'anima, le parti inferiori si sono "purificate" e in noi tutto quello che ci teneva ancorati all'esistenza terrena ha la possibilità di svanire. Il nostro io ha tratto tutte le lezioni necessarie e ormai i moti dell'anima si sono placati. Subentra in noi una "pace", una quiete nella quale lo spirito trova finalmente il giusto spazio per espandere la propria luce. Ed allora si passa ad una fase successiva, ad un percorso tutto spirituale, privo di sofferenza, e pieno di luce che si conclude, con il sostegno del mondo spirituale, nel lavoro al progetto di una nuova vita.

Il periodo iniziale, di purificazione, dura circa un terzo della vita passata: se si è vissuto novanta anni, dura circa trent'anni.

Secondo Rudolf Steiner, soprattutto in questa fase, che è la più "dura", la più "difficile" nel percorso dopo la morte, è molto importante il sentimento dei cari che sono rimasti sulla Terra. Il loro amore è una cosa che i defunti sentono fortemente, e che rende bella la loro vita in quella dimensione. E di questo amore

---

[34] Nella tradizione cristiana si fa riferimento alle "fiamme del purgatorio".

hanno bisogno per vivere meglio le difficili prove che stanno affrontando.

Su questi elementi di conoscenza, qui citati in modo estremamente sintetico, si basa la saggezza che è dietro l'eterno Riposo.

Proviamo ad approfondirne il senso:

L'eterno riposo dona loro o Signore,

E' questa una preghiera del cuore, di noi che siamo rimasti sulla Terra, e che vogliamo che il nostro caro possa superare prima possibile la fase intensamente emotiva che si trova ad affrontare subito dopo la morte. E allora mandiamo una richiesta d'amore collegata a quella persona... Che lei sente. E ne trae piacere, calore e forza. E se mandiamo la nostra preghiera con amore, questo in qualche modo, come abbiamo visto, influisce positivamente sui tempi e sui modi del piano divino.

e splenda ad essi la luce perpetua.

Man mano che si placano le tempeste emotive, le pulsioni legate alla vita terrena, e i fortissimi processi emotivi prodotti dal rivivere la propria vita nell'interiorità degli altri, in noi si crea uno spazio di pace e di quiete. E qui può finalmente diffondersi la luce dello spirito, che illumina e fa brillare di luce propria, immortale, "perpetua" [35]. il

---

[35] Pietro Archiati fa una interessante osservazione in relazione ai termini "eterno" e "perpetuo", riferiti rispettivamente, al riposo e alla luce: " ...Perché si parla di pace "eterna" e di luce "perpetua"? Qual è la differenza tra ciò che è eterno e ciò che è perpetuo? La parola "eterno" viene da *aeviternus* che significa: che dura un evo (in greco *aiòn,* che vuol dire "eone"); la pace che il Morto conseguirà non durerà per sempre, ma per un evo, per un eone. L'evo, o eone, è qui inteso come il periodo che va dalla morte a una nuova nascita. La parola *perpetuus* significa "ininterrotto", "inintermittente", "che dura senza interruzione"; le corrisponde il greco *pètomai,* "volare", che è appunto un procedere senza intermittenze, altrimenti si cadrebbe giù. Lo spirito è un costante esser presente a se stesso. Ciò che appartiene allo spirito permane sempre, vive nel regno della durata, non viene mai meno... Si chiede per l'anima una requie *eterna,* quella sufficiente a creare i presupposti per una nuova esistenza; la luce dello spirito, invece, è *perpetua*

nostro io, la nostra parte spirituale. Questa ha ormai "perso le scorie" dell'esistenza sulla Terra e si è arricchita del succo positivo – se c'è stato – della nostra ultima vita, estratto durante il kamaloca.

Riposino in pace,

Questa frase esprime il desiderio di serenità per i nostri cari. In qualche modo ripete, con un moto del cuore, la richiesta iniziale. Ma fa riferimento ad un riposo che non è più solo la fine serena di un periodo travagliato come il kamaloca, bensì alla fase luminosa che si aprendo. Quel riposo fattivo dell'anima che già in vita proviamo nella discesa nella stanza segreta[36] della nostra interiorità. Una volta placata l'anima, lo

---

perché non dura per un solo un evo, ma per sempre. La nostra cultura ha conferito alla parola "eterno" il significato di "per sempre", perché si è persa la conoscenza di quegli "evi" che indicano l'alternarsi di stato incarnato e stato disincarnato." . Dal libro "*Vivere con gli Angeli e con i Morti*", pagg. 99-100. Edizioni Il Ternario, 2003.

[36] Pagg. 53-54

spirito è libero di viaggiare, di progettare e di creare nelle dimensioni divine. E' in questa nuova "pace", nella quale finalmente "trovano quiete" i moti della psiche, che è ora possibile passare alla fase di più intensa vita spirituale, di attività volta a partecipare ai molteplici aspetti del piano cosmico del Padre, ed infine ad organizzare la vita successiva.

Amen

Voglio con tutto il cuore che sia così per il mio caro…

COLLANA "IL SOLE E LA COLOMBA"

Dello stesso autore:

La vita ha un senso profondo e positivo

come rendersene conto sulla base delle proprie esperienze e come cominciare a trasformarla con i propri mezzi.

La cosa peggiore è pensare che la nostra vita è priva di senso, in balia del caso. Una realtà che ci tratta come schiavi e ci rende sempre più infelici e depressi. Questo libro segue un cammino che parte semplicemente dall'osservazione di quello che ci circonda e di quello che sentiamo dentro. Passo dopo passo ci rendiamo conto che per capire la nostra realtà dobbiamo trasformare il nostro modo di vedere, dobbiamo imparare una nuova lingua. Solo così potremo poi fare quelle cose nuove, proprio quelle che cambieranno in meglio la nostra vita.   Marzo 2005

Cos'è il karma?

Impariamo a conoscerlo per cogliere tante opportunità nella vita di tutti i giorni; cos'è la reincarnazione?

Il karma è la trama sulla quale si svolge la nostra vita. Per questo ci riguarda da vicino ed è importante conoscerlo. E' una trama di amore e di luce che si trasforma continuamente, per offrirci sempre nuove possibilità positive. Che sia una prigione o uno spazio di libertà gioiosa e creativa, dipende solo da noi... Come funziona nella nostra vita di tutti i giorni? A cosa ci serve? Questo libro fornisce spiegazioni

semplici e pratiche, arricchite da disegni e schemi, sul funzionamento e sul senso del karma e della reincarnazione per ognuno di noi.
Marzo 2005

Corpo, Anima, Spirito
come siamo fatti e perché

Il corpo, pensiamo tutti di sapere bene cosa è, ma l'anima e lo spirito…. cosa sono? Esistono? E se esistono, come funzionano? Certo siamo un qualcosa di molto complicato… Ma perché, a cosa ci serve questa complessità, quali sono i rapporti tra le varie parti di cui siamo fatti? Un percorso alla scoperta del senso meraviglioso della nostra natura, fatta per vivere nel mondo della materia, ma anche dei pensieri e dei sentimenti, o per volare alto come un angelo.
Marzo 2005

Il mistero della situazione internazionale
cosa e chi c'è dietro? cosa sta succedendo? perché va proprio così male? che possiamo fare? una prospettiva spirituale.

Perché tante guerre, malattie, violenze, fame, povertà? Perché il Male appare trionfante nel mondo e sembra che il Bene sia ormai quasi scomparso? Cosa c'è dietro, cosa sta succedendo? Chi guida veramente i governi, l'economia e la finanza, le grandi organizzazioni? Il mercato delle anime. Le armate nere e le armate bianche. La posta in gioco siamo noi. La riscossa del Bene e le nuove, insidiose trappole piazzate ovunque.
Un'epoca di grandi rischi, ma anche di grandi opportunità per tutti noi
Ottobre

www.ingramcontent.com/pod-product-compliance
Lightning Source LLC
Chambersburg PA
CBHW072035090426
42733CB00032B/1727